KB162916

아이가
저절로 잠드는동화

(그냥 소리 내어 읽는 당신이 최고입니다)

아이가 저절로 잠드는 동화

(그냥 소리 내어 읽는 당신이 최고입니다)

최지혜 지음

〈저절로 잠드는 동화를 읽기 위한 설명서〉

'엄마랑 토랑이랑'은 아이를 잠재우는 용도로 쓰인 동화입니다. 이 동화를 정성들여 읽어 주기만 하면 아이가 저절로 잠이 듭니다. 이 동화를 통해 아이를 재우는 분도, 잠자게 될 아이도 모두 '평안한 잠'의 마스터가 되실 것입니다. 저절로 잠드는 동화 '엄마랑 토랑이랑'은 마음을 편안하게 하는 문장으로 구성되어 있습니다. 그러므로 (절대 운전자 옆이나 집중이 필요한 분들 옆에서는 소리 내어 읽지 마세요. 졸릴 수 있습니다) 저절로 잠드는 동화 '엄마랑 토랑이랑'은 편안함을 위한 '언어 명상' 문구를 사용해 만들었습니다. 그래서 일반 동화와 다른 점이 많습니다.

이 동화는 편안한 잠을 위한 용도로 만들어진 국내 최초 IDS(InDirect Storytelling, 간접 스토리텔링) 마스터의 글이라 문형이 조금 익숙하지 않을 수 있습니다. 반복하여 읽어 주면 저잠동(저절로 잠드는 동화)의 언어 명상 매력이 무엇인지 알게 되고 익숙해집니다. 우리말을 이해하는 경우라면 누구나 저잠동을 통해 평안한 잠을 자게 됩니다.

저잠동 '엄마랑 토랑이랑'은 아이의 눈이 저절로 감기게 만드는 자장가 동화입니다. 읽어주는 분의 편안한 마음만 있으면 아이를 재우는데 충분합니다. 이 동화에서는 용도에 따라 글자의 색깔을 다르게 했습니다. 아래에 색깔별 용도를 설명해 드립니다.

보라색 : 행동과 말이 함께 진행되는 부분의 설명입니다.
초록색 : 토랑이 목소리입니다.
검정색 : 엄마 목소리와 설명 부분입니다.
빨간색 : 이 책을 듣거나 읽는 분이 만들어 주실 이야기입니다.

목 차

"빛이 되는 아이는 우리 안에 있습니다"

나는 미래를 많이 지향하며 살았던 사람입니다. 하루 대부분을 내일을 위해 미래를 위해 살았었습니다. 아이를 만나고는 더욱 심해졌습니다. 과거 나는 아이를 키우는데 정확한 기준이 있었습니다. 바로 '남의 눈'이었습니다. 아이와 함께 '지금'을 살지 못하고 '이 아이를 어떻게 하면 남의 눈에 보기 좋은 떡으로 만들까?'에만 관심이 집중되었던 엄마였습니다. 그렇게 남의 눈을 기준으로 잡고 있던 엄마가 어떻게 아이들과 지금을 살 수 있게 되었는지, 어떻게 국내 최초 저잠동 작가가 되었는지 그 과정을 짤막하게 말씀드리겠습니다.

어린 여자아이 하나가 엄마를 보고 있습니다. 늦은 밤에 들어와 누워있는 엄마의 입에서 "아이고 다리야. 아이고 다리야."라는 소리가 쉼 없이 나옵니다. 아이는 엄마를 위해 다리를 주물러 드려야겠다고 생각합니다. 어른의 반밖에 되지 않는 손으로 정성을 다해 엄마의 다리를 주무릅니다. 그러자 엄마의 입에서 "아이고 시원하다. 우리 막내가 최고다. 아이고 시원하다."라는 소리가 절로 나옵니다. 아이는 그 이후 매일 밤 "우리 막내가 최고다."라는 말을 들으며 정성으로 엄마를 재웁니다.

그 여자아이가 자라 어른이 되어 한 여자아이의 엄마가 되었습니다. 엄마에게는 최고의 딸이었고, 건축일을 하는 직장에서는 인정받는 직원이었고, 이른 나이에 시작한 인테리어 사업으로 괜찮은 수익을 올리던 여자였지만, 갑자기 엄마가 된 후에는 모든 것이 막막하고 두려웠습니다. 바보도 그런 바보가 없었습니다. 게다가 아이는 정말 활동적이었습니다. 아이가 걸음마를 시작한 후 정신없이 책상에 오르락내리락하는 것을 보고 있던 나는 이상한 상상을 합니다. '아이에게 먹여도 되는 건강한 수면제가 있다면 정말 먹이고 싶다.' 그리고 문득 '세상에, 내가 무슨 생각을 하는 거지?'라며 깜짝 놀라 머리를 흔들며 제정신으로 돌아옵니다. 아이가 좀 얌전해졌으면 하는 마음에 말도 안 되는 상상을 했던 그 날의 기억은 지금도 강렬합니다.

그때 나는 자신에게 이런 질문을 했습니다. '나는 어째서 이토록 아이 키우기가 힘들지? 도대체 나에게 어떤 과거가 있기에 유달리 아이 키우기가 힘들까?' 그 질문 이후로 나의 힘듦의 원인을 찾아 마음공부를 시작했습니다. 어느 날 밤 아이를 재우고 있는데 마음속에서 이런 소리가 들렸습니다. "아이가 엄마를 재우는 법이 어디 있어? 엄마가 아이를 재워야지." 그 소리를 통해 나는 내가 전형적인 '비극의 주인공인 착한 아이' 역할에 빠져 있었음을 알게 됩니다. 착한 아이의 비극을 알고 계십니까? 자기 다리가 썩어들어가도 자기 감각을 믿지 못하고, 다른 사람의 감정과 행동에 자기의 썩는 다리조차 괜찮다고 스스로 믿게 만드는 아주 강력한 주문이 착한 아이입니다.

비극의 주인공이 내 아이의 엄마라는 사실이 아이에게 미안해서 아이를 재우며 울고 또 울고 우는 날이 계속되었습니다. 스스로 '착한 아이 비극'의 시나리오를 쓰며 내가 제일 불쌍한 사람인 듯 느끼고 행동하며 살았습니다. 몇 년 동안 그 비극을 극복하려 노력했습니다. 그러다 어느 날 문득 이런 생각이 들었습니다. '착한 아이 비극만 처리하면 모두 완성되는 것 아니었나? 나는 할 만큼 한 것 같은데, 왜 아직도 아이에게 천둥 같은 고함을 지르며 나도 아이도 계속 힘들게 하는 것일까?' 이 질문에 대한 답을 찾는 중에 '착한 아이 비극 스토리가 있다면 착한 아이 희극 스토리도 함께 존재한다.'는 사실을 알게 되었습니다.
엄마를 재웠던 여자아이는 엄마의 그 앓는 소리가 아이에게 줄 수 있는 최고의 사랑임을 깨닫게 됩니다. 저잠동은 바로 그 '착한 아이 희극'의 시작입니다.

착한 아이 희극과 저잠동을 통해 변화한 아이는 엄마에게 이렇게 말하기 시작했습니다.

"화내고 나서 또 얼마나 미안하다고 말하려고 그렇게 화내. 엄마 ~.", "어휴, 내가 엄마가 또 미안하다고 말할 줄 알았어.", "엄마, 지금 또 화내는 엄마에게 지고 있잖아. 화내는 엄마 가라고 해.", "엄마, 오늘은 화내는 엄마 안 와서 좋다.", "하긴, 나 5살 때 엄청 무서운 엄마였는데, 지금은 정말 좋은 엄마여서 좋아. 엄마 사랑해."

저잠동은 아이와 엄마가 함께 관계의 선순환을 만들어가는 시작입니다. 내가 읽어 주는 저잠동을 듣던 아이가 이야기 속 토랑이처럼 엄마의 눈을 보며, "엄마, 나는 엄마 말을 잘 듣기 위해 태어난 것이 아니잖아요?"와 같은 말을 할 수 있게 되는 아름다운 날들. 저잠동을 아이에게 읽어 주는 것은 오랫동안 엄마의 자리에 가짜 엄마를 앉혀 두고 아이와 나를 힘들게 했던 과정을 끝내고 진짜 엄마를 만나는 과정이기도 합니다.

저잠동 '저절로 잠드는 동화'는 아이만이 아니라 부모인 '나'를 위한 책이기도 합니다. 이 책을 읽고 계신 분이라면 이미 충분히 선기능으로 아이를 키우고 계신 분일 확률이 매우 높습니다. 90%는 만들어 놓고 저잠동을 읽고 계시기 때문에 저잠동을 통해 인연이 되어 저와 함께 나머지 10%를 채워 자기 자신을 편안하게 만들 수 있습니다. 저잠동을 읽고 계신 분이라면 이미 아이에 대해 많은 고민을 하고, 기존의 육아 방식에 대한 의문을 한 번쯤은 품어보셨을 멋진 분일 확률 또한 매우 높습니다.

　백합꽃의 향기를 나의 말로 표현해서 전달하는 것에는 한계가 있습니다. 그 향기를 직접 맡아 경험해야 알 수 있습니다. 저잠동이 전해 드리고자 하는 메시지, 저잠동을 통해 아이와 나에게 일어날 변화, 저잠동 속에 들어 있는 노하우는 저잠동을 아이에게 읽어 줘야 직접 경험할 수 있습니다.

　그리고 정말 중요한 사실은 여러분의 경험으로 여러분의 아이가 밝아진다는 사실입니다. 여러분의 선택으로 여러분이 밝아진다는 사실입니다. 이 책을 읽고 있는 당신은 이미 그 과정을 시작한 멋진 분입니다.

　끝으로 저잠동으로 표현된 최지혜의 일상을 선물로 받아주신 모든 분에게 진심으로 감사드립니다.

2018년 10월
최지혜

PART 01

"자장자장 우리아기"

'저잠동'의 시작을 편안하게 안내하는 단문 동화입니다.
읽어주는 분이 먼저 익숙해지면 듣는 분은 더욱 편안해집니다.

"인생에 있어서 최고의 행복은
우리가 사랑받고 있음을 확신하는 것이다."
(Life's greatest happiness is to be convinced we are loved.)

– 빅토르 위고 (Victor Hugo)

스킨십

(엄마의 손으로 아이의 눈을 살짝 쓸어 내려주며) "엄마가 손으로 눈을 만지면 눈이 스르륵 감긴다. 눈이 감기지 않아도 괜찮아. 눈을 감아도 눈을 떠도 00은(는) 깊은 잠을 잘 수 있다."

(이마를 쓰다듬으며) "자~, 엄마가 이마를 만지면 머리가 평온해질지 생각이 떠오를지 엄마는 알 수가 없어. 하지만 어떤 생각이 떠오르지 않아도 떠올라도 모두 괜찮아. 어떤 생각이 떠올라도 마음이 편안해질 수 있거든.

(만약 아이가 어떤 말을 하는데 그 이야기가 질문이 아니라면 그대로 앵무새처럼 따라서 말해 주면 됩니다. 질문이라면 질문에 짧게 답해주고 다음을 읽어 주세요)

(어깨를 간지럽지 않게 살짝 주무르며) "자~, 엄마가 어깨를 만지면 (아이의 일상 하나를 이야기한다) 어린이집 다녀오느라 힘들었던 어깨가 편안해진다."

(팔을 쓰다듬으며) "자~, 엄마가 팔을 쓰다듬으면 (아이의 일상 하나를 이야기한다) 어린이집에서 친구들과 소꿉놀이 하던 팔이 힘이 빠지면서 팔이 편안해진다."

(배를 쓰다듬으며) "자~, 엄마가 배를 쓰다듬으면 오늘 먹었던 음식 소화하느라 애쓴 배가 편안해지면서 점점 배가 따뜻해진다."

(허벅지와 다리를 간지럽지 않은 강도로 주무르거나 쓸어내려 주며) "자~, 엄마가 다리를 만지면 장난감 가지고 여기저기 다니느라 힘들었던 다리에 힘이 빠지고 편안해지면서, 지금 잠이 들지, 일 분 후에 잠이 들지, 오 분 후에 잠이 들지 엄마는 알 수가 없단다. 그리고 아이들은 누구든 깊은 잠에 빠져들 수 있지. 왜냐면 사람은 누구나 깊은 잠을 잘 수가 있거든."

2

뽀뽀십

(아이 신체 어디든 상관없이 뽀뽀해준 후 뽀뽀한 부위를 말하며)

엄마가 뽀뽀한 이마가 따뜻해지고 편안해질까?

엄마가 뽀뽀한 눈이 스르륵 감길까?

엄마가 뽀뽀한 입술에 미소를 지어볼까?

엄마가 뽀뽀한 볼이 부드러워지면서 편안해질까?

엄마가 뽀뽀한 배꼽이 편안해질까?

엄마가 뽀뽀한 발이 나른해질까?

(여기까지 진행해도 좋습니다. 진행하고 싶으시면 계속 읽어주세요)

엄마가 뽀뽀한 곳 중에 가장 편안한 곳이 있다면 말해줄래?

(대답이 있다면) 그렇구나. 00이는 그곳이 가장 편안하구나. 편안한 건 아주 좋은 거지. 이제 00은(는) 더욱 편안해지면서 편안한 숨을 쉬어봐. 스스로 편안한 숨을 그냥 쉬어보자. 숨을 쉴 때마다 00의 몸은 점점 더 편안해진단다.

(대답이 없다면) 엄마가 뽀뽀해도 안 해도 우리 아들(딸)은 두 배로 더욱 편안해질 수 있어. 엄마가 말을 해서 편안해지고 또 00이가 스스로 편안하게 만드는 거야. 온몸을 나른하게 편안하게 힘을 빼버리는 거야.

3

옹달샘 물

00이는 이제 편안하고 시원한 바람이 부는 숲길을 따라 걷고 있어. 떠오르는 대로 편안하게 상상하면 돼.

'바람이 왜 이리 편안하지?'라는 생각이 들 때 작은 옹달샘 하나가 보였어. 옹달샘 안에 있는 물은 투명하고 맑았어. 옹달샘 물 한 모금 마시니 목이 시원하고 몸 안이 맑아지는 기분이 들었지. 옹달샘 물 두 모금을 마시니 온몸이 편안해지면서 점점 나른해졌어. 그리고 점점 눈이 무거워지면서 눈이 점점 감기기 시작했지.

4

보석눈

　예전에 어떤 아이가 있었는데 그 아이는 보석 눈을 가지고 있었어. 눈이 아니고 보석 눈썹이었어. 그 아이 특징은 뭐였는지 알아? 바로 졸릴 때 눈을 감으면 눈썹에서 아주 영롱하고 반짝반짝 빛나는 보석이 하나, 둘, 셋, 넷, 다섯, 여섯, 일곱, 여덟, 아홉 계속 그 눈의 눈썹 숫자만큼 눈썹 끝으로 여러 가지 보석들이 매달리고, 그리고 눈이 점점 무거워지는 거야. 눈을 감으면 보석들이 아래로 내려오면서 눈꺼풀이 축 처지고 다시 눈이 무거워지면서 점점 깊은 잠을 잘 수 있었대.

5

딱풀눈

어떤 집 아이는 잠을 자기 위해 눈을 감으면 딱풀처럼 눈이 딱 붙어 버리고, 눈을 뜨면 다시 눈이 딱 떠지고, 눈을 감으면 딱풀처럼 눈이 딱 감겼어. 동생과 형은 누가 딱풀처럼 딱 감을 수 있는지 내기를 했지. 감았다 뜰 때마다 눈꺼풀은 더욱 무거워졌어. 밤마다 누가 이기는지 내기를 했어. 동생이 이길지 형이 이길지 알 수 없었어. 그런데 누가 이겨도 눈꺼풀이 편안하게 붙어 버리는 거야.

딱풀 눈처럼 딱 붙였어? 딱풀 눈처럼 딱 붙여야 이기는 게임이야. 너도 정말로 딱풀처럼 딱 붙여 볼 수 있겠지? 너 혼자 하는 게임이지만 우리 이 게임에서 같이 이겨보자. 눈꺼풀이 딱풀 바른 것처럼 딱 붙어 버리는 거야. 그렇게 만들면 이겨. 그런 척 해 보는 거야.

6

눈을 감아야 시작되는 이야기

눈을 감아야 시작되는 이야기 듣고 싶어? 아주 오래된 옛날이야기야. 옛날이야기 듣고 싶으면 눈을 감아봐. 눈을 꼭 감아도 되고, 눈을 살짝 감아도 되는데, 눈을 뜨면 이야기는 멈춘다. 눈을 감으면 이야기는 시작되고, 눈을 뜨면 이야기는 멈추지. (실제로 아이의 눈의 상태에 따라 이야기를 시작하고 멈춰주세요. 잘 감고 있다면 계속 읽어 주시면 됩니다)

딱풀 눈처럼 딱 붙여서 감고 있어도 되고, 보석 눈처럼 초롱초롱 무겁게 만들어서 감고 있어도 좋아. 자~, 눈을 감고 있으니 옛날이야기를 시작해 볼게. 잘 들어봐. (그리고 뒤에 나오는 이야기를 읽어 주시면 됩니다)

"사랑의 첫 번째 의무는 상대방에 귀기울이는 것이다."
(The first duty of love is to listen.)

- 폴 틸리히 (Paul Tillich)

"검둥개도 짖지 말고,
흰둥개도 짖지 마라"

– 엄마랑 토랑이랑

편안하게 읽어준다 생각하시고, 조금 천천히 읽어주세요.
나른하게 읽어주면 더욱 좋습니다.

"세상 누구도 나를 화나고, 슬프고, 두렵고, 우울하고,
기쁘고, 행복하게 할 수 없습니다.
세상에 오직 나만이 나를 그렇게 할 수 있습니다."

– 최지혜 –

엄마랑 토랑이랑

옛날 옛날에 토랑이와 엄마가 살고 있었어.

엄마가 토랑이에게 잠자기 전에 이야기를 들려주었어.

자~, 우리도 그 이야기 한 번 들어 볼까?

옛날 옛날에 깊은 숲속에 잠자는 공주가 살고 있었지.

그 공주는 매일 잠만 잤어. 그런데 정말 매일 잠만 잘 수 있을까?

잠자는 공주의 집 앞에는 이런 문구가 적혀 있었어.

[숲속의 잠자는 공주는 마법에 걸려 잠만 잡니다]

그런데 마법에 걸려 잠만 잔다는 푯말은 누가 세워 놓은 것일까? 그래~, 바로 공주가 세워 두었지.

처음엔 재미로 푯말을 세워뒀어. 그런데 그 푯말을 보고 사람들이 소문을 내기 시작했어. 사람들은 공주가 그냥 마법에 걸려 잠만 자는 것은 재미가 없으니까 그럴듯한 이야기를 지어내기 시작했어.

바로 숲속의 잠자는 공주의 마법은 공주를 사랑하는 왕자의 뽀뽀를 받아야 풀린다는 이야기들이었지. 그렇게 시작된 소문이 공주에게도 들어갔지.

공주는 고민하기 시작했어. 자기가 재미로 푯말을 붙여 둔 것이라고 말하면 거짓말쟁이가 될 것이고, 말하지 않으면 계속 잠을 자야 하기 때문이었지.

공주는 도저히 거짓말쟁이라는 말을 들을 수가 없어서 그만…… 숲속의 잠자는 공주가 되기로 했지. 사람들이 숲속의 잠자는 공주를 보러 오면 잠자는 척하고, 사람들이 없는 밤이 되면 일어나서 활동하는 생활을 했어. 여기까지 엄마의 이야기를 들은 토랑이가 질문 했어.

"엄마, 왜 사랑하는 왕자의 뽀뽀를 받아야 마법이 풀려요?"

엄마가 대답했어.

"글쎄다. 공주니까 왕자가 나왔을 것 같고…… 사랑의 힘은 크고, 또 뽀뽀하기 쉽지 않으니까 뽀뽀를 받아야 한다고 했을 것 같네."

토랑이가 또 질문 했어.
"엄마, 잠만 자는 공주를 어떻게 사랑해요? 잠만 자는 사람을 사랑하는 사람이 있을까요?"

토랑이의 질문에 엄마는 답하기가 어려웠어. 엄마도 알 수 없었고, 실제 상황이라면 처음 만났는데 잠만 자는 사람을 사랑하기는 쉽지 않은 일이었거든. 그래도 엄마는 이렇게 대답했어.
"공주의 잠자는 모습이 정말 아름다워서 사랑하게 되었을 것 같네."

토랑이가 대답했어.
"잠자는 모습이 정말 아름다우면 닭이나 돼지나 강아지도 사랑할 수 있겠네요. 사랑은 정말 쉽게 느껴져요. 엄마 또 이야기해주세요. 재미있어요."

엄마가 다음 이야기를 시작했어.
"토랑아, 너는 지금 잠이 오니? 아니면 나중에 잠이 올까?

숲속의 잠자는 공주처럼 깊~은 잠을 잘 수 있을까? 아니면 더욱 깊~은 잠을 잘 수 있을까?

하품을 하~~~아~~ 하면 몸이 편안해질까? 아니면 나른해질까?

눈을 감아봐. 눈 감았어? 눈을 꼭 감으면 눈이 편안해질까? 아니면 아무것도 안 보일까?

눈을 감은 사람은 누구나 깊은 편안함을 느낄 수 있어.

우리 토랑이도 눈을 한 번 감아봐. (이때 재우고 싶은 이의 눈도 함께 감겨 주세요) 눈을 감으면 엄마의 이야기는 두 배로 재미있게 들을 수 있어."

옛날 옛날에 노란색만 좋아하는 왕자가 살고 있었어.

그래서 사람들은 그 왕자의 이름은 부르지 않고 그냥 '노란 왕자'라고만 불렀어. 노란 왕자는 잠을 잘 때 어떻게 하고 잠을 잤을까?

맞아. 노란 이불, 노란 베개, 노란 잠옷, 노란 침대에서 잠을 잤지.

아침에 일어나서 밥을 먹을 때도 노란 숟가락, 노란 포크, 노란 접시, 노란 컵, 노란 냅킨까지 모두 노란색으로 된 곳에서 밥을 먹었어.

왕자가 노란색만 좋아하는 이유를 신하들이 물어보았어.

"왕자님 세상에 많고 많은 색이 있는데, 왕자님은 무엇 때문에 노란색만 좋아하십니까?"

그러자 왕자가 뭐라고 대답했는지 알아?

왕자는 이렇게 대답했어.

"내가 노란색을 좋아하는 이유는 바로

．

．

．

노란색을 보면 짜증이 나기 때문이야."

신하가 깜짝 놀라며 다시 물어보았어.
"왕자님 무엇 때문이시라고요? 짜증이 나서 좋아하신다고요?"

"노란색을 보면 짜증이 나서 노란색만 보면 짜증이 나면서 괜찮아.
그리고 아빠랑 엄마가 나에게 가장 많이 말씀하는 말투를 보면 거
의 짜증이잖아. 그래서 나는 점점 '아~ 짜증은 좋은 것이구나. 그래서
우리 엄마, 아빠는 이렇게 나에게 많이 알려 주시는 것이구나'하고 생
각하게 되었어. 그런데 노랑을 보니 완전 짜증이 나더라고, 그때부터
난 노랑을 좋아하게 되었어."

그 소식이 왕과 왕비에게 전해졌고, 왕과 왕비는 노란 왕자에게 짜
증으로 이야기했던 자신들을 반성하고 온 마음을 다해 진심으로 노란
왕자에게 미안하다고 말했지.
그리고 엄마가 토랑이에게 잠재우는 동화를 들려주는 것처럼 왕비
도 초록, 파란 이불과 베개와 함께 잠재우는 이야기를 매일 밤 들려주
었지. 그렇게 3년이 지난 어느 날 노란 왕자의 이불은 무슨 색으로 변
해 있었을까?

토랑이가 한 번 상상해봐~.

"노란색이요."

"노란색을 생각하면 노란 병아리의 포근한 솜털이 생각나면서 더욱 깊은 잠을 잘 수 있을까?"

"아~, 초록색이요."

"'아~, 초록색이요'라고 생각하면 초록색의 나무들이 생각나면서 코로 들어오는 공기가 신선하게 느껴지면서 점점 더욱 편안해질까? 아니면 엄청 편안해질까?"

"크크크, 엄마 흰색이요."

"'크크크, 엄마 흰색이요'라는 생각이 들면 마음이 고요해 지면서 조용해지는 것을 느낄 수 있니?"

"이젠 검정이요."

"'이젠 검정이요'라는 생각이 들면 검은색의 밤에 편안한 잠을 잘 수 있는 사람은 누구일까? 라고 생각할 수 있겠지?"

"아마 빨강일까?"

"'아마 빨강일까'하는 생각이 들면 손과 발이 따뜻해지고 마음도 따뜻해지는 것을 느낄 수도 있어."

"아 맞다. 파랑."

"'아 맞다. 파랑'이라는 생각이 떠오르면 더욱 편안하고 깊은 잠을 잘 수 있겠지?

(설명 : 다른 색이 생각나는 분들은, "~색이 떠오르면 마음이 점점 편안해 지면서 깊은 잠을 잘 수 있을지도 몰라."라고 이야기해 주세요)

"엄마 재미있어요. 또 다른 이야기 해주세요.

"토랑아! 엄마가 청개구리 이야기 해 줄게.

청개구리는 엄마가 말하는 것을 모두 거꾸로 했단다. '청개구리야 잠자라.' 그러면 깨어나서 놀았어. '청개구리야 양치해.' 하면 양치 안 하고 그냥 잠이 들었지. 그렇게 맨날 말 안 듣는 청개구리를 자식으로 둔 엄마는 시름시름 앓다가 죽을 것 같은 순간에 청개구리에게 이런 유언을 남겼어. 청개구리야 내가 죽거든 개울가에 묻어다오. 그렇게 이야기하면 청개구리가 양지바른 곳에 묻어 줄 거로 생각한 거야. 하지만 청개구리는 엄청나게 울면서 엄마를 진짜 개울가에 묻었어. 그리고 비만 오면 엄마 무덤이 떠내려갈까 봐 엄청나게 울어서, 지금도 비만 오면 청개구리가 개굴개굴 울고 있는 이유란다."

"엄마! 청개구리 엄마는 어떤 엄마였어요?"

"응? 글쎄다."

"청개구리에 대한 이야기는 많은데 엄마에 대한 이야기는 없네요."

"넌 왜 청개구리 엄마가 궁금하니?"

"청개구리 엄마가 우리 엄마 같아서요."

"어, 뭐라고? 하긴 우리 토랑이도 말을 엄청 안 듣긴 하지. 듣고 보니 너도 청개구리랑 닮았네."

"엄마는 제가 말을 안 듣는다고 생각하시는군요. 엄마 전 청개구리가 이해가 되어요. 엄마 말대로 꼭 거꾸로 했던 것은 아닐 것 같아요.
엄마 우리 아이들은요. 양치해! 이렇게 이야기하면 양치하기 싫어져요. 그러니 당연히 양치를 안 하죠.
어서 자! 이렇게 이야기하면 오던 잠도 홀딱 깨게 되어요."

"그래도 잠은 제시간에 자야지."

"우리는 아이들이니까 아이 수준으로 이야기해 주셔야 하는데 어른들은, 엄마들은 엄마 식대로만 이야기해요.
엄마! 제가 청개구리처럼 엄마가 돌아가신 뒤에 비만 오면 목 터지게 울고 있다고 생각해 보세요. 엄마 마음이 어떨 것 같아요?"

"어? 그러게. 아마도 엄마 마음이 몹시 아프겠지. 그리고 우리 아들이 울지 않기를 바라겠지?"

"엄마도 저랑 같은 생각이시네요.

청개구리는 아이잖아요. 아이가 뭘 알겠어요. 뭘 모르는 아이니까 엄마가 엄마 말은 어떻게 따를 수 있는지, 무엇보다 왜? 청개구리가 엄마 말대로 하지 않고 거꾸로만 했는지 한 번쯤은 생각해 봐야 하지 않을까요?

세상에 어떤 엄마가 자신이 죽은 후에 비만 오면 아들이 울게 만들고 죽어요. 죽을 때까지 청개구리 엄마는 자기 생각대로만 행동하셨네요.

우리 엄마는 청개구리 엄마처럼 잔인하지 않았으면 좋겠어요. 청개구리 엄마 너무 잔인하고 무지한 엄마네요."

"토랑아. 나는 청개구리 엄마 마음이 엄청나게 이해된다. 얼마나 말을 안 들었으면 죽을 때 반대로 이야기하고 죽었겠니?"

"엄마 그렇게 말씀하시면 제가 너무 슬퍼요.

엄마는 아직도 엄마 방식대로만 생각하고 계신 것 같아요.

엄마 아이들이 어른들 말씀을 잘 듣기 위해서 태어난 것이 아니잖아요. 우린 엄마, 아빠가 만들어서 태어났잖아요. 그러니 엄마 아빠가 말을 잘 듣는 방법도 알려주시고, 말을 잘 안 들을 땐 왜 그런 행동을 하는지 한번 살펴 주시고, 저의 상태가 어떤 상태인지 보살펴 주셔야 하지 않을까요?"

"토랑아! 너를 입히고 씻기고 먹이면 되었지. 여기서 엄마가 뭘 더 하길 바라니?"

"엄마, 저 같은 아이들에게는 마음의 영양소가 꼭 필요해요
청개구리 엄마는 청개구리에게 어떤 마음의 영양소를 주었을까요?
제 느낌으로는 슬픔, 불안, 두려움과 엄마에 대한 미안함만 주신 것 같아요. 우리 엄마는 저에게 어떤 영양소를 주실 거예요?"

"아이고 말도 많다. 너는 앞니도 긴 것이 주저리주저리 말도 잘하네.
내일부터 엄마 말이나 먼저 잘 들어봐. 그러면 내가 생각해 보마."

"엄마! 아이가 말을 잘 들을 수 있게 엄마가 먼저 바뀌셔야 하지 않을까요? 제가 말을 안 듣는 이유가 엄마를 닮아서네요. 아이 생각보다 엄마 생각을 하고 계시니 저도 저만 생각하게 되지요."

"지금은 말이 너무 많아서 안 되겠다.
이제 자!"

훌쩍훌쩍 토랑이가 울기 시작했어.

엄마는 토랑이가 우는 모습을 보고서야 미안한 마음이 들었어.

엄마는 토랑이를 안고 등을 토닥토닥 해 주었어.

"토랑아 미안해. 엄마도 엄마 역할이 처음이어서 토랑이가 울기 전에 너의 마음을 살피는 것이 힘들구나. 엄마도 이렇게 너랑 지내다 보면 어느 날 네가 속상하기 전에 너의 마음을 살필 수 있는 엄마가 되어 있을 거야.

그래도 이렇게나마 너에게 미안하다고 사과할 수 있는 엄마 자신에게 잘했다고 토닥토닥 해주고 싶어. 토랑아 사랑해."

토랑이가 울음을 그치고 이야기했어.

"엄마 괜찮아요. 저도 미안해요. 사랑해요.

그리고 엄마 이야기 하나만 더 해주세요."

"자~, 이제부터 엄마랑 게임을 하자. 눈을 감아도 좋고 눈을 뜨고 있어도 좋아. 그런데 눈을 감으면 더 편안해지겠지? 한번 편안히 눈을 감아 봐.

게임의 규칙은 1분 동안 제일 작은 소리 찾기 게임이야. 제일 작은 소리를 찾으려면 어떻게 해야 할까? 아무 말 없이 조용히 하고 제일 작은 소리를 찾아보자. 쉿~~~

(설명 : 아무 말 없이 제일 작은 소리를 찾아보세요)

제일 작은 소리의 정답은 그 소리를 찾은 사람만 알 수 있어.

나는 지금 개미 걸음 소리가 느껴져. 더 작은 소리는 없는지 한 번 더 찾아볼까? 자~, 이번엔 2분 동안 찾아보자. 쉿~~~"

(설명 : 아무 말 없이 제일 작은 소리를 찾아보세요. 익숙하지 않아 저항감이 올 수 있습니다. 현재에 머무르는 언어 명상이니 한번 해 보세요. 숙면에 도움이 됩니다)

"엄마 저는 거미 잠자고 있는 숨소리가 들려요. 엄마 정말 재미있어요. 또 찾아봐요."

(설명 : 몇 가지 소리를 찾기를 반복해서 연속으로 하면 더욱 효과가 높습니다)

"자. 제일 작은 소리 찾기 게임이 끝났구나. 이번엔 쥐구멍 지켜보기 게임이야. 잠이 오더라도 잠이 오지 않더라도 누구나 작은 쥐구멍 하나는 눈감고 만들 수 있지.

자~, 작은 쥐구멍 하나를 눈감고 만들어 봐~. 그 쥐구멍 주변은 온통 하얀색이고 맨 아래에 검은색으로 작은 쥐구멍 하나가 있어.... 만들었니?

지금부터 네가 만든 쥐구멍에서 언제 쥐가 나올지 잘 지켜 봐봐.

잘 지켜보고 있으면서 쥐가 몇 마리 나오는지 세어 보자. 이 쥐구멍은 잘 지켜보고 있어야 쥐들이 나오는 쥐구멍이야.

자~. 작은 소리도 찾고 쥐구멍의 쥐도 찾았으면, 너는 더욱 편안하고 평온한 잠을 잘 수 있어. 너는 지금 잠이 올까? 잠이 들었을까? 잠이 오는 줄도 모르고 깊~은 잠을 자고 있을까?

하~아~~ 하품이 길게 나오면 길~게 깊은 잠을 잘 수 있고, 하아~ 하품이 나오면 좀 더 깊~은 잠을 잘 수 있어."

"엄마 잠이 안 와요."

"응, 그렇구나. 잠이 오지 않아도 괜찮아. 잠 오지 않는 건 아주 좋고 편안한 것이지. 왜냐하면 지금 잠이 오지 않으면 이제 천천히 잠이 올 수도 있기 때문이다. 잠이 안 오면 안 올수록 몸은 더욱 나른해지고 편안해지면서 점... 점... 축~ 가라앉을 수도 있지. 하지만 00이가 어떤지 엄마는 알 수 없어.

'꼭 잠을 자야지' 생각하지 않아도 괜찮아. 누구나 편안하고 깊~은 잠을 잘 수 있거든.

'아~ 왜 이렇게 잠이 안 오지?'라는 생각이 들면 들수록 두 배로 더욱 편안해지면서 점점 나른해진단다. 잠이 오지 않아도 충분히 편안할 수 있어. 그렇지 참 잘하고 있어."

"엄마 그래도 잠이 안 오고 잠이 안 오면 무서운 마음이 들어요."

"그렇구나. 잠이 안 와도 괜찮아. 무서운 마음이 들어도 괜찮아. 무서운 마음이 들면 엄마와 함께 편안한 마음으로 바꿀 수가 있거든. 엄마가 다음 이야기를 해 줄게. 다음 이야기의 제목은 웃음 왕국이야."

"웃음 왕국이요? 웃음 왕국은 웃음만 가득해서 웃음 왕국이에요?"

"과연 그럴까?

옛날 옛날에 슬픔만 느끼는 '한숨 왕국'이 있었지.

한숨 왕국엔 슬픔만 느껴져서인지 한숨을 '푹~' 쉬는 사람들뿐이었어.

왕의 한숨은 "후~".

왕비의 한숨은 "에효~".

신하들의 한숨은 "흐~".

슬픔 왕국엔 이러한 한숨뿐이었어.

그런데 어느 날 갑자기 "깔깔깔" 하는 소리가 들려 왔어.

깜짝 놀란 신하는 왕 앞에 달려갔어.

신하가 말했어. "한숨 왕국 안에 '깔깔깔'하는 이상한 소리가 들려옵니다."

왕이 말했어. "뭐라고 했느냐? 깔깔깔? 정말 이상한 소리구나. 당장 그 소리가 어디에서 나는지 찾아보아라."

신하는 후다닥 그 소리가 나는 곳을 향해 달려갔어.

얼마 후 신하는 그 소리가 나는 곳에 도착했지.

그곳은 얼마 전에 다른 나라에서 온 외국 사신이 머무르는 방이었어. 신하는 그 방문을 열었고 놀라운 모습을 보게 되었어.

사신과 함께 온 사신의 아이가 초승달처럼 생긴 눈과 몇 개의 주름을 가진 코에 환하게 빛나는 하얀 이를 보이면서 입에선 이상한 소리, 바로 "깔깔깔" 소리가 계속 나오고 있었지.

신하는 사신에게 아이가 지금 하는 표정과 소리가 무엇이냐고 물어보았어.

사신이 깜짝 놀라며 "아니 웃음을 모르신단 말씀입니까?"

신하가 말했어. "웃음이라는 것이 무엇입니까?"

사신은 웃음을 모른다는 신하의 말이 이상했지만 친절하게 이야기해주었지.

"우리나라에서는 아주 어릴 때부터 슬픔 인형을 아이에게 줍니다. 그리고 하루 동안 무서웠거나 힘들었거나 슬프고 화나는 이야기를 그 인형에게 이야기하게 합니다.

그리고 그 인형을 베게 밑에 두고 잠이 들게 합니다. 아침이 되어 잠에서 깨어나서 베게 밑을 보면 슬픔 인형은 없어지고 아이는 다시 행복하게 됩니다. 그리고 아주 기분 좋게 웃으며 하루를 맞이하지요. 웃음이란 것은 즐겁고 행복할 때 몸에서 나오는 소리와 행동을 말합니다."

신하는 웃음에 관한 이야기를 왕에게 보고하였어.

하지만 왕은 "후~" 한숨을 크게 쉬며 "즐거움이란 것도, 행복이라는 것도, 웃음도 너무 힘든 것이구나."라고 말했어.

그 이야기를 같이 듣고 있던 한숨 왕국 공주가 갑자기 "깔깔깔" 하며 따라 하기 시작했지.

"깔깔깔, 깔깔깔" 공주의 웃음소리를 처음 듣게 된 왕은 뭔지 모를 느낌을 받게 되었어.

왕은 백성들에게 걱정 인형을 나누어 주게 하였고 웃음소리를 연습하게 했어.

처음엔 사람들이 낯설어해서 잘하지 못했지만, 계속 연습하도록 응원하고 실천하게 하였어.

그래서 한숨 왕국에서 그렇게 시작된 웃음은 3년이 지난 후 모든 사람이 웃을 수 있는 웃음 왕국이 되었어.

자, 웃음 왕국의 왕과 왕비와 공주와 신하의 웃음소리는 어떤 소리일까요? 한번 상상해 볼까?"

(설명 : 슬픔 인형이 필요하신 분은 카카오 친구 추가에서 '저잠동', 'IDS 마스터 지혜'를 찾아 추가한 후에 말씀해 주세요. 웃음 왕국 슬픔 인형과 사용법을 알려드립니다. 두려움이 많은 아이에게 특히 밝은 효과를 가져올 방법을 알려드립니다)

"토랑이 너는 가장 무서울 때가 언제야?"

"음... 콩나물이랑 시금치 먹을 때랑 엄마가 갑자기 화낼 때랑 엄마가 저 때릴 때요."

"그렇구나. 엄마가 제일 무섭구나."

"엄마가 무섭다기보다는 화내고 때리는 엄마가 무서운 거죠."

"엄마가 미안해. 네가 이야기했던 것처럼 엄마가 무서울 때는 '가짜 엄마가 왔구나.'라고 생각해줘. 그리고 너의 진짜 엄마는 너를 사랑하는 엄마라는 것도 함께 기억해줘. 엄마도 가짜 엄마가 왔을 땐 '가짜가 왔구나' 빨리 알아차리고 너를 사랑하는 엄마로 빨리 돌아오도록 노력할게. 우리 아가, 엄마가 사랑해."

"네. 우리 진짜 엄마 저도 사랑해요. 엄마~ 졸려요. 졸리니까 이야기 하나만 더 해주세요."

"자~, 옛날 옛날에 요정이 살고 있었어. 요정이라고 하면 예쁘고 귀여울 것 같지?

그런데 이 요정은 정말 작았어. 크기는 아이 손톱만 하고 색깔은 온통 까만색이었어.

그래서 그 요정을 깜깜 요정이라고 했지.

깜깜 요정은 다른 요정들에게 자기도 요정이라고 목이 아프게 이야기하고 다녔어.

왜냐하면 깜깜 요정은 까매서 깜깜한 밤에 잘 보이지 않았지. 깜깜 요정은 밤에만 활동하는 요정이라 더욱더 알지 못해서 아무도 깜깜 요정에게 관심이 없었거든. 그러던 어느 날 한 요정이 깜깜 요정에게 관심을 보이며 질문하기 시작했지.

그 요정은 하얀 드레스를 입고 있는 하얀 요정이었어.

하얀 요정은 깜깜 요정에게 이야기했어.

"깜깜 요정아 너는 무슨 일을 하는 요정이니?"

"응, 나는 아이들을 재우는 일을 하고 있어. 아이들이 하~~~아~~~ 하고 하품을 할 때 잠이 솔솔 오는 가루를 입에 넣어주지. 그러면 아이들은 더욱 깊은 잠을 잘 수 있는 도움을 받게 되지. 내가 잠 가루를 입에 넣어주기 때문에, 아이들은 하품할 때마다 더 깊이깊이 졸리게 되는 거야.

그리고 아이들의 귀에 대고 자장가 노래도 불러줘. 아이들이 직접 듣지는 못하지만 내 노래는 느낄 수는 있어서 아이들이 편안한 잠을 푹~ 자게 도움도 줘.

그런데 아이 엄마들이 '빨리 자. 어서 자. 내일 유치원 가려면 어서 자. 내일 학교 가려면 잠 안 와도 빨리 자.' 이런 이야기를 해버리면 아이들 잠이 홀딱 깨. 그럴 때는 내가 하는 노래도 마법 가루도 두 배로 더 많이 해줘야 아이들이 잠을 자.

엄마들이 빨리 자라는 이야기 말고 다른 이야기 해주면 좋겠어. 아이들은 엄마의 편안한 목소리랑 엄마 팔 하나만 잡고 자도 엄청나게 잘 잘 수 있는데 엄마들은 똑같이 약속했나 봐. 빨리 자라는 점이 집마다 정말 비슷해."

하얀 요정은 깜깜 요정의 이야기를 듣고 또 깜깜 요정에게 물어보았어.

"깜깜 요정아. 너는 네가 요정인데 왜 요정이라고 다른 요정들에게 아주 많이 이야기하고 다니니?

요정도 그냥 요정이면 되는데, 너는 다른 요정들이 너를 요정이라고 인정해야 네가 요정이 되니? 그건 아니잖아. 넌 아이들을 재우는 일도 정성을 다하면서 하고 있고, 까맣게 생겨서 아이들 눈에 보이지도 않아서 깜깜한 밤에 활동도 잘하고 있잖아. 그래도 다른 요정들이 너를 요정이라고 인정해주길 바라는 것이니?

넌 누가 인정하거나 인정하지 않아도 그냥 그대로의 요정이잖아."

깜깜 요정이 한참을 생각하고 대답했어.

"하얀 요정아! 너의 말을 듣고 보니, 난 내가 다른 요정들과 달라서 다른 요정들과 같아지기를 바란 것 같아.

그래 누가 인정하든 안 하든 난 그대로 요정이구나. 내가 요정인데 정말 당연한 사실을 요정이 아닌 것처럼 요정이라고 목 아프게 이야기하고 다녔었네. 하얀 요정아 정말 고마워. 네 덕분에 난 그대로 요정임을 알게 되었어.

오늘 밤부터는 내가 그냥 나임을 느끼면서 아이들에게 잠자는 가루도 많이 넣어주고, 노래도 더욱 잠 잘 오게 불러 줘야겠다."

그렇게 해서 깜깜 요정은 아이들을 더욱 잘 재우는 요정이 되었단다.

"엄마~ 그러면 이제 하품할 때 입 크게 벌리고 해야겠어요. 그래야 깜깜 요정이 잠자는 가루 많이 넣어주죠.

그런데 깜깜 요정 노래는 지금 잘 안 들려요. 엄마가 대신 불러 주시면 안 돼요?"

토랑이 엄마는 책을 읽는 것처럼 노래를 읽기 시작했지.

"아가야, 아가야 너희 집이 어디니?

너희 집의 너의 이불은 포근포근하니? 푹신푹신하니?

너의 이불이 느껴지면 마음이 코코아처럼 따뜻해지고 달콤해지면서 점점 따뜻해질까?

너의 베개가 느껴지면 마음이 조용해지고 편안해지면서 점점 깊은 잠을 잘 수 있지.

점점 깊은 잠을 지금 잘까? 10초 후에 잘까? 그냥 잘까? 생각하지 않아도 누구나 편안히 잠들 수 있어.

우리 엄마 목소리가 들리면 마음은 더욱 평온해 지면서 편안하고 깊은 잠을 잘 수 있어. 편안한 잠은 더욱 좋은 잠이겠지?"

"엄마~, 엄마~. 눈이 안 떠져요. 많이 졸려요. 제가 잠들어도 이야기는 계속해주세요."

"그래 엄마가 이야기는 계속할게.

다음 이야기는 둥둥 구름 이야기야.

옛날에 둥둥 구름이 살고 있었어. 둥둥 구름은 온몸이 둥둥 둥둥 떠다녔지. 아주 가볍게 말이야.

오늘은 더 가볍게 둥둥 떠다니고 싶다고 생각하면 더욱더 둥둥 떠다닐 수 있었어. 몸이 둥둥 떠다니는 상상을 해봐. 몸은 가벼워지고 편안해지면서 둥둥 구름처럼 가볍게 둥둥 둥둥 떠다니면서 다시 이 자리로 돌아와서 깊~은 잠을 잘 수 있게 되었지.

그리고 둥둥 구름은 포근한 이불이 되어 너의 이불이 되어주고, 너의 깊은 잠 옆에서 깊~은 잠을 잘 수 있었지.

깊~은 잠은 둥둥 구름이 먼저 잘까? 아니면 우리 아이가 먼저 잠들까? 엄마는 궁금하네. 하품을 하~~~아 하고 크게 하면 깜깜 요정이 뿌려준 잠 가루를 먹고, 둥둥 구름이 먼저 잘까? 아니면 우리 아이가 먼저 잠들까? 엄마는 아주 많이 궁금하네.

하품을 하~~~아~~~ 하고 두 번 하면 더 잠이 잘 올까? 하~~~아~~~ 하품 세 번 하면 잠이 더 올까? 그것도 몹시 궁금하네."

토랑이의 앞니를 뽑겠다는 어른들 때문에 토랑이가 많이 아프게 되었어. 아픔을 이겨낸 후 토랑이가 더욱 말을 잘하게 되었어.

그동안 엄마에게 할 수 없었던 말들이 개구리처럼 튀어나오기 시작했어.

토랑이에게 사랑은 무엇일까?

"엄마는 저 사랑해요?"

"그럼 엄청나게 사랑하지. 하늘만큼 땅만큼~"

"엄마는 저 좋아해요?"

"그럼 엄청나게 좋아하지."

"엄마! 그러면 엄마 안에 가짜 엄마랑 진짜 엄마가 함께 있나요?"

"어? 뭐라고? 가짜 엄마 진짜 엄마라니?"

"토랑이는 엄마가 화를 내거나, 소리를 지르거나, 저를 때릴 때 우리 엄마가 아니고 가짜 엄마 같다고 생각해요. 그리고 이렇게 친절할 땐 토랑이 진짜 엄마가 온 것 같아요."

"엄마는 화가 나도 토랑이 사랑해."

"알아요. 하지만 저는 잘 모르겠어요.

절 사랑한다면 어떻게 그렇게 무서운 눈으로 저를 꼬집고 때리고 하실 수 있으세요?

절 사랑하는데 어떻게 그렇게 자주 화를 내시죠?

절 사랑하는데 어떻게 그렇게 차가운 목소리로 울지 말라고, 뚝 그
치라고 고래고래 소리를 지를 수 있어요?"

"그거야 네가 화를 내게 만들고, 자주 우니까 그렇지. 한번 말하면
들어야 하는데 몇 번씩 같은 말 반복해야 하니 속에서 화가 나겠어?
안 나겠어?"

"엄마~, 저는 엄마 사랑해요.
사랑하니까 엄마가 저를 때려도 울고, 화내도 울고, 고래고래 소리
를 질러도 울어요. 제가 할 수 있는 일은 참으면서 우는 일 밖엔 아무
것도 할 수가 없어요.
정말 슬퍼서 아파서 우는 것이 제가 맞아야 하는 이유인가요?"

"너 지금 무슨 소리를 하는 거야?"

"엄마는 아빠도 사랑해서 소리 지르고 화내세요? 아빠도 엄마 사랑
해서 화내고 소리 지르고 하시는 것인가요? 그리고 두 분이 아무 말 안
하고 며칠 동안 지내시는 것도 사랑한다는 표현이세요?"

"물론 아니지. 너는 그게 사랑처럼 보여?"

"그럼 엄마 사랑이 뭐에요?

따뜻하고 친절한 것이 사랑이에요? 아니면 무섭고 슬프고 아픈 것이 사랑이에요?"

"그야 당연히 따뜻한 것이 사랑이지."

"그럼 엄마가 저에게 화내고 때릴 때는 사랑 안 하는 거죠?"

"어휴~ 모르겠다. 너 좋은 대로 생각해라. 그만 가서 자"

토랑이 진짜 엄마는 어떤 엄마일까?

토랑이 사랑은 어떤 느낌일까?

사랑이 따뜻한 것이라면 무섭고 슬프게 만드는 육아는 무엇 때문에 일어나고 있는 것일까?

사랑의 매는 정말 사랑일까? 아리고 슬픈 곳에 사랑이란 단어를 대입시키면 아이의 뇌는 어떤 생각을 하게 될까?

토랑이 아빠

토랑이 외할아버지는 엄청 용맹하고, 사납고 다른 동물들이 무서워하는 호랑이였다. 토랑이 엄마는 그런 아빠가 무섭고 싫어서 자기 아빠와 반대되는 사람을 남편으로 만났다. 그 남편은 바로 토끼였다.그 엄마와 아빠에게서 나온 토랑이는, 호랑이 모습에 토끼 앞니를 가진 동물이다.

호랑이가 토끼랑 살고 있으니 매일 잡아먹고 싶지 않았을까? 토랑이와 토랑이 엄마 호랑이 이야기를 들어 보자.

"어휴~, 오늘도 네 아빠는 늦는구나. 하긴 개가 똥을 참지. 네 아빠가 당근을 참겠니?"

"엄마 말씀을 들으니, 아마도 엄마는 아빠와 지금 함께 있고 싶으신 것 같아요. 맞아요?"

"내가 함께 있고 싶다고 말했니? 오늘도 늦는다고 말했지."

"엄마! 토끼는 밤에 활동하잖아요. 그리고 당근도 엄청나게 좋아하고요."

"그러니까 집에서 활동하면 되는데 왜 밖에서 꼭 당근을 먹어야 하느냐고?"

"그러니까요. 엄마~, 아빠랑 함께 있고 싶지 않으면 늦게 들어오든 일찍 들어오든 관심이나 있겠어요? 엄마는 아빠랑 함께 있고 싶으니 그런 말씀을 하시는 것 맞네요."

"무슨 말도 안 되는 소리 하고 있어. 너 숙제 다 했어?"
"엄마! 저는 엄마가 제 말을 잘 들어주셨으면 좋겠어요 ."

"잘 같은 소리 하고 앉아 있네. 그럼 내가 네 말을 듣고 있지 먹고 있어? 빨리 가서 숙제해."
"엄마~, 아빠를 개랑 비교하면 저는 무엇이 되어요?저는 아빠에 대해 밝은 이미지를 가지고 싶어요. 엄마가 아빠를 개랑 비교하고 엄마를 힘들게 하는 아빠로 표현하면 저는 아빠를 어떻게 생각해야 할까요?"

"네 아빠를 어떻게 생각할지 네 머리로 생각하는 것이지 내 말로 생각하는 것이냐? 너 바보니?"

"엄마가 선택한 아빠씨로 제가 태어났잖아요. 엄마가 아빠를 밝게 말씀해주면 저에 대한 저의 생각도 밝아져요. 하지만 엄마가 어둡게 아빠를 말씀하시면 저에 대한 저의 생각도 어두워져요."

"시끄러워~. 숙제하라고 몇천 번을 이야기할까? 오늘도 너는 매를 버는구나."

(엄마가 그렇게 말씀하시면 저는 무서워서 아무 생각도 할 수 없어요. 그래도 엄마가 저 사랑하고 아빠 그리워하고 계신 것 알아요. 저도 엄마, 아빠 사랑해요)

토랑이 형제 싸움 이야기

저녁 준비를 하는 엄마 귀에 시끄러운 소리가 들린다.

"내가 하지 말라고 했잖아. 너는 왜 내가 하지 말라는 짓만 골라서 하는 거야?"

"형은 왜 내 부탁 한 번도 안 들어주는 건데? 어? 말해봐! 말해보라고?"

어쩌고저쩌고 어쩌고저쩌고....

"시끄러워~, 또 한 대씩 맞아야 조용 할래? 오늘은 웬일로 조용히 넘어가나 했다. 전생에 나라를 팔아먹었나. 하나밖에 없는 형, 동생이 매일 싸우기만 하는 것이야? 어? 토랑이 네가 형이니까 너부터 말해 봐. 무엇 때문에 싸우는 거야?"

"엄마 지금 표정 그대로 거울 한번 봐 주세요.
엄마가 얼마나 무서운 얼굴로 얼마나 무서운 목소리로 저희에게 이야기하고 있는지 한 번만 보세요."

"뭐라고 왜 거기서 나를 걸고넘어지는데? 싸운 이야기를 이야기하라고 했지? 누가 내 얼굴 보라고 했어?"

"엄마! 저희에겐 싸울 때 어떤 말을 사용해야 하는지 보고 배운 대로 할 뿐이에요.

엄마는 늘 비슷해요. 동생 편만 들거나, 화내거나, 때리거나, 소리 지르세요. 전 그걸 보고 배웠어요. 아! 싸울 땐, 내가 싫을 땐, 소리 지르고 화내고 때리고 내 편만 들면 되겠구나 하는 것만 엄마를 통해 배웠다고요.

엄마는 지금도 비슷하게 이야기하고 계시잖아요."

"아이고 속 터져, 잘해도 내 탓 못해도 내 탓이니? 너희들 싸움이 왜 나를 보고 배워서야? 너희들이 못 돼서 그러지?"

"엄마 그대로 거울 한 번 보세요. 엄마도 엄마가 무서울지도 몰라요. 그 무서운 표정을 보고 배워서 저도 동생에게 똑같이 하는 것이에요. 제 동생은 엄마도 보고 저도 배워서 더 저렇게 하는 것일지도 몰라요."

"나는 형아 닮았네. 나는 엄마 닮았네. 아~ 그래서 내가 화나면 소리 치고 때리고 할퀴고 형 말 되게 안 듣는 것이구나."

"엄마 저희에게 싸울 땐 어떤 말과 행동을 해야 하는지 알려주신 적 있으세요?

저희가 싸우면 늘 지금처럼 소리 지르고 화내고 때리고 할퀴고...

전 너무 속상하고 슬퍼요. 우리 집은 기쁨이 없는 것 같아요."

"........"

"싸울 때도 평화로운 말을 알려주세요. 어떻게 하면 싸움이 멈출 수 있는지 평화적인 방법을 엄마는 알고 계세요?"

"엄마는 아이 둘을 낳았어도 둘 다 늘 새롭다. 방법도 잘 모르겠다. 토랑이 네 말을 들으니 엄마 모습이 그렇게 보였을 수 있을 것 같구나. 이해는 되지만 엄마에게도 너무 어렵구나. 어른인 나도 어려운데, 어린 너희들은 나보다 더 어려울 수 있겠구나 하는 생각도 들어."

"엄마가 읽은 책에서 보았는데요. 화가 날 때 '아, 내가 화가 났구나' 하고 알아차리라고 적혀 있었어요. 엄마도 저도 화가 날 때 '아 지금 내가 화를 내고 있구나.'라고 한 번 알아차리려고 해봐요."

"토랑아, 그 방법이 간단하긴 하지만 쉽진 않을 것 같아."

"쉽지 않으니 책으로 적어 놓았을 것 같아요. 엄마! 그래도 우리 해봐요."

"토랑이 덕분에 오늘도 엄마가 하나 더 배웠네."

동물은 모두 달라요.

"토랑아, 저기 좀 봐봐. 저 아이는 키가 엄청 크구나. 우리 토랑이도 저렇게 키가 쑥쑥 자랐으면 좋겠다."

"엄마, 저것은 기린이잖아요. 기린하고 저하고 어떻게 비교를 하실 수 있어요?"

"토랑아, 저기 좀 봐봐. 저 아이는 엄청나게 잘 먹는구나. 우리 토랑이도 저렇게 잘 먹었으면 좋겠다."

"엄마, 쟤는 코끼리잖아요. 코끼리는 산만큼 먹게 태어났어요. 저와는 달라요. 제가 저렇게 먹으면 배가 터질지도 몰라요. 엄마는 하나밖에 없는 아들이 저렇게 먹다가 배가 터지기를 바라시는 것은 아니시죠?"

"토랑아, 쟤도 좀 봐봐. 세상에 어쩜 털이 저렇게 부들부들하고 탐스럽게 생겼을까? 정말 예쁘다. 우리 토랑이 털이랑 너무 비교 된다."

"엄마~, 저것은 밍크잖아요. 휴~, 저는 엄마 아들이잖아요. 제가 절대로 될 수 없는 다른 동물들과 비교하시면 저는 어떤 기분이 들까요?"

"야~ 아~, 토랑아 쟤도 좀 봐봐. 나무를 저렇게 잘 타는구나. 어머나, 세상에, 와~ 우리 토랑이도 나무를 저렇게 잘 탈 수 있으면 정말 좋겠다. 토랑아, 나무타기 배워 보자. 정말 멋지다."

"엄마, 저것은 원숭이잖아요. 엄마! 엄마는 제가 어떤 특이점이 있는지 저의 특성이 무엇인지 제가 무얼 잘하는지 제가 무얼 잘 못 하는지 안 보이세요?"

"토랑아, 그래도 한번 해 볼 수는 있잖아. 나무 타기가 뭐 그리 어렵다고. 내가 기린 엄마에게 어떻게 하면 키를 저렇게 키울 수 있었는지 물어볼게. 그리고 밍크 엄마에게도 털이 어쩜 저렇게 탐스럽게 되었는지 한 번 물어볼게. 그리고 코끼리처럼 한 번 아주 많이 먹어보자. 또 아니? 많이 먹어서 기린처럼 키가 쑥쑥 클지. 엄마가 정보 알아 올 테니 너는 엄마가 시키는 대로만 해!"

"엄마! 저는 팔도 없고 다리만 있는데 어떻게 나무를 타요? 밍크도 원래 털이 곱게 태어나는 동물이잖아요. 엄마 저는 호랑이와 토끼 사이에서 태어난 토랑이예요."

"토랑아, 엄마는 키 크고, 잘 먹고, 털도 이쁘고, 나무도 잘 타는 아들이 갖고 싶어. 너무 부럽다. 저 큰 키 좀 봐봐. 와~ 저렇게 예쁜 털 좀 봐봐."

"엄마...."

"친구들. 지금 토랑이는 어떤 기분일까요?
토랑이에게 해주고 싶은 이야기를 해주세요.
친구들의 이야기를 들으면 토랑이는 어떤 마음이 될지도 이야기해주세요."

토랑이 엄마는 정말 토랑이의 행복을 바랄까?

"엄마~, 엄마는 제가 행복하기 바라세요?"

"토랑아, 엄마는 우리 토랑이가 정말 행복하기를 바라지."

"엄마~, 정말 제가 행복하기를 바라세요?"

"응. 그럼 당연히 우리 토랑이가 행복하기를 바라지."

"엄마~, 정말 정말 제가 행복하기를 바라세요?"

"응. 그렇다니까. 정말 정말 토랑이가 행복하기를 바란다니까."

"엄마~ 그럼 저 좀 행복하게 해주세요."
"응? 뭐라고?"

"엄마~, 저는 행복이 무엇인지 잘 모르겠어요. 아마도 행복은 머리로 아는 것이 아니고, 마음으로 느낄 수 있는 것일 것 같긴 해요. 그렇다면 저는 행복을 느낄 수가 없어요."

"토랑이 네가 그런 말을 하니까. 엄마는 충격이다. 엄마는 네가 행복하기만을 바라고 키우고 있는데... 행복을 느낄 수 없다는 말을 무시해야 할지 진심으로 알아들어야 하는지 혼란스럽다."

"엄마, 행복하기만 바란다고 행복해지는 것은 아니잖아요. 행복한 마음이 생겨야 행복할 것 같아요."

"그렇게 생각하는구나. 너는 그럼 어떻게 하면 행복할 것 같니?"

"음. 일단 엄마 아빠가 사이가 좋았으면 좋겠어요. 엄마가 아빠를 더 많이 사랑하면 좋겠어요. 하루에 두 번씩 아빠에게 엄마가 뽀뽀해주시는 모습을 보여주세요."

"토랑아, 엄마가 아빠에게 뽀뽀할 때마다 얼마나 잡아먹고 싶은지 아니? 엄마는 그 마음을 참으면서 살고 있어."

"그럼 결혼은 무엇 때문에 하셨어요?"

"결혼 전엔 잡아먹고 싶은 마음은 하나도 없고, 순한 토끼가 너무 좋았거든. 그래서 결혼해도 정말 좋을 것으로 생각했지."

"엄마가 아직도 아빠 좋아하시는 것 아닐까요? 매일 늦는 아빠를 하루도 빠짐없이 빨리 들어오길 기다리고 있고, 잡아먹고 싶은 마음이 들어도 지금까지 안 잡아먹은 것을 봐도 그렇고요."

"그래? 토랑이가 그런 이야기를 해주니 엄마가 정말 아빠를 여전히 좋아하고 있다는 생각이 들었어. 하루에 두 번 아빠에게 뽀뽀하면 토랑이가 행복하니? 하루에 세 번 하면 안 되니?"

"엄마~, 당연히 세 번 하면 더 좋죠. 두 분이 뽀뽀 한 번도 안 하시니 두 번이라고 이야기 드렸어요."

"그래 우리 토랑이가 행복하다면 엄마가 아빠에게 뽀뽀 두 번 할게. 우리 토랑이가 행복하다면 뽀뽀 백번이라도 해야지. 토랑아 사랑해."

"친구들 엄마 아빠는 하루에 뽀뽀 몇 번 해요?
친구들도 엄마 아빠가 뽀뽀 두 번 하면 행복할 것 같아요?
엄마 아빠가 뽀뽀 두 번 해서 행복하다면 엄마에게 꼭 이야기해봐요. 세상 무엇보다 내 행복이 가장 중요함을 잊지 말아요."

한 입 거리

"엄마, 오늘 저 유치원에서 속상했어요."

"우리 토랑이 속상했구나. 무슨 일이 있었어?"

"토끼가 하지 말라고 하는데도 자꾸 저의 꼬리를 잡아당기면서, 넌 토끼야, 호랑이야? 라고 놀리잖아요. 그래서 아무 대꾸도 안 했더니, 제 엉덩이를 발로 차고 가는 거예요."

"토끼가 그랬구나. 한 입 거리도 안 되는 토끼가 놀리는데도 우리 토랑이가 참아 주었구나."

"네, 엄마. 토끼는 제가 엄지발가락으로 살짝만 건드려도 날아가잖아요. 그런 토끼에게 화를 내면 제가 토끼를 한입에 쏙 먹어 버릴 것 같았어요. 친구끼리 잡아먹으면 안 되잖아요."

"세상에 우리 토랑이가 그랬구나. 토랑아, 용기란 힘 있는 동물이 힘없는 동물을 살펴봐 주는 것도 포함된다. 힘 있는 동물이 힘없는 동물을 때리지 않는 것은 때리는 것보다 더 많은 용기가 필요해. 왜냐하면 어떤 행동을 하는 것보다 하지 않으려고 힘을 내는 것이 더 어려운 일이거든. 우리 토랑이가 때릴 수 있었는데도 토끼를 봐 준 것이 진정한 용기란다."

"엄마 그럼 제가 용기 있는 행동을 한 것이에요? 그런데 왜 속상하죠?"

"속상하구나. 속상한 마음 당연하지. 토랑이가 토끼에게 맞은 것이 겉으로 보이는 모습이니까. 동물은 누구나 멋진 모습만 보여주고 싶어 한단다. 그런데 우리 토랑이는 멋진 모습을 선택하지 않고 힘없는 토끼를 봐준 것을 선택해서 속상한 마음도 함께 있는 것이지. 그런 멋진 마음은 겉으로 보이지 않거든. 우리 토랑이 용기가 눈으로 보이지 않지만, 엄마는 우리 토랑이의 멋지고 용기 있는 모습이 그대로 느껴진단다. 역시 우리 토랑이야~. 우리 토랑이~ 멋져!"

"히히, 엄마가 용기 있다고 말씀해주시니까, 다음에도 토끼가 놀리고 때려도 가만히 봐 줄 수 있을 것 같아요."

"토끼를 그냥 봐줄 수 있을 것 같구나. 우리 토랑이가 그렇게 이야기 해주니 엄마 마음도 편안해지네."

"엄마가 편안해진다고 말씀해주시니까, 제 마음도 같이 편안해져요. 그리고 저의 힘을 어떻게 사용해야 할지도 느껴져요. 우리 유치원에서 제가 제일 힘이 세거든요. 그래서 제가 움직이기만 해도 다른 친구들이 눈치를 봐요. 저의 힘센 힘을 자랑하고 싶어도 친구들이 너무 무서워하면 제 마음도 불편해서 그냥 참아요. 참아도 힘 센 저의 힘이 없어지는 것이 아니라는 것을 알거든요."

"토랑이가 그렇게 이야기해주니, 엄마도 힘을 쓸 곳에 써야겠다는 마음이 들었단다. 그리고 토랑아 누군가를 때리는 동물은 반드시 누군가에게 맞아본 동물이야. 누군가에게 맞아보지 않은 동물은 남을 때릴 수 없어. 너희들은 새끼 동물들이니 아마 부모 동물들이 때렸을 거야. 우리 토랑이도 엄마에게 맞은 적이 있는데도, 토끼에게 힘자랑하지 않았다고 생각하니 오늘 토랑이는 두 배로 용기 있는 행동을 했다는 생각이 드는구나."

"와~, 두 배로 용기 있었어요? 용기 있는 것은 힘들고 속상하지만 뿌듯한 느낌이 들어요. 엄마."

"응, 그럼. 엄마도 너희들을 때리면 안 되는 것을 알지만 이미 손이 나가버린 경우가 많아서 그럴 때마다 엄청 힘들었는데, 때리고 싶은 마음이 들어도 때리는 것을 멈출 때 엄마도 힘이 들지만, 동시에 뿌듯한 마음이 들어. 토랑이와 비슷한 감정일 것 같아."

"엄마도 그렇군요. 제가 엄마를 닮았네요."

"그럼 우리 토랑이 엄마 닮아서 멋지지. 그런데 토랑아 다음에도 토끼가 너를 놀리거나 때리면 꼭 말로 이야기해줘. '토끼야 네가 그런 행동을 하면 내가 속상하고 너를 먹어 버리고 싶어'라고 꼭 눈을 보고 이야기해줘. 그래야 너의 마음을 다른 동물이 알 수 있거든."

"말이 잘 나올진 모르겠지만, 말하기 힘든 말을 할 수 있는 것도 용기 같아요. 용기 내서 말 해 볼게요."

"토랑이가 용기의 다른 모습도 이야기해주니, 엄마도 배우게 되네. 토랑이 선생님! 오늘도 감사히 잘 배웠습니다."

"하하하, 엄마 부끄러워요."

"우리 친구들도 토랑이와 비슷한 경험 있어요? 친구를 때리는 것보다 때리지 않고 말로 하지 말라고 이야기 할 수 있는 것이 용기 있는 행동임을 꼭 기억해요. 우리 친구들은 토랑이보다 백 배 더 용기 낼 수 있죠?"

엄마 짜증이 나요.

"엄마! 동생 때문에 짜증이 나요. 자꾸 내 장난감 만지지 말라는데 자꾸자꾸 만져요. 미치겠어요."

"동생 때문에 짜증이 나는구나. 엄마가 해 줄 일이 있을까?"

"아~ 몰라요. 재 땜에 화나고 짜증이 나요."

"토랑아. 자 엄마 눈을 봐봐. 이 세상 누구도 너를 화내게 할 수 없단다. 세상 그 누구도 너를 짜증 나게 할 수 없단다. 세상 그 누구도 너를 슬프게, 기쁘게 할 수 없단다. 오직 너만이 너를 그렇게 만들 수 있어."

"……"

"토랑이 네가 지금 엄마가 무슨 말을 하고 있지? 라는 표정으로 엄마 바라보고 있는 것 알아."
엄마 말에 토랑이가 미소를 지었다.

"네 마음을 엄마에게 들켜 버렸다고 생각하니 웃음이 나지? 엄마가 무슨 말을 하는지 몰라도 괜찮아. 그냥 들을 수 있으면 충분해.

토랑아, 세상 그 누구도 너를 화나게, 슬프게, 짜증 나게, 기쁘게 할 수 없단다. 오직 너만이, 오직 너 자신만이 너를 그렇게 만들 수 있어."

"동생 때문에 화나요. 저 때문에 화나는 것이 아니에요."

"그렇게 생각하는구나. 그럼 지금 그 화는 누가 느끼니?"

"당연히 제가 느끼죠."

"토랑이가 느끼는구나. 그럼 동생 때문에 화가 나는 걸까? 토랑이 화나는 마음 때문에 화가 나는 걸까?"

"동생 때문에 화가 나죠."

"동생 때문에 화가 난다고 생각하는구나. 그럼 그 화는 누가 느끼지?"

"제가 느끼죠. 그래도 동생 때문에 화가 나요."

"엄마 눈에는 화나 있는 토랑이만 보이네. 그럼 누가 화가 난 걸까?"

"아, 몰라요."

"토랑아, 동생이 어떤 말을 하고, 어떤 행동을 해도 그걸 보고 화를 낼 건지 말 건지는 토랑이가 선택할 수 있어. 지금은 내가 선택한다는 생각이 없이 그냥 무조건 동생 때문에 화가 난다고 생각하겠지만, 동생과 너의 화는 따로따로 있는 거야. 지금은 동생의 행동과 너의 화가 껌딱지처럼 딱 붙어 있어서 같은 것처럼 보이지만, 동생이 기분 나쁜 행동을 해도 화 없이 가만히 있어 보면 점점 화가 사라진단다. 물론 토랑이에게 쉽지 않을 거야. 하지만 계속해 보면 점점 화가 사라진단다. 그러면 동생이 좋은 게 아니라 토랑이 너에게 좋은 거야. 너의 마음이 편안해지니까."

"친구들 세상 그 누구도 나를 화내게 할 수 없어요. 오직 나 스스로 나를 화내게 할 수 있어요."

"사랑은 눈으로 보지 않고 마음으로 보는 거지."
(Love looks not with the eyes, but with the mind.)

– 윌리엄 셰익스피어 (William Shakespeare)

불편한 감정 대하는 방법에는 다양한 방법들이 있습니다.
동화를 통해 내가 나에게 어떤 대처법을 알려줄 것인지 한 번 생각해 보아요.

소심 왕국

　옛날에 소심 왕국이 있었단다. 소심 왕국은 모든 백성이 소심했을까? 맞아. 소심 왕국 모든 사람은 모두 소심했어.

　백성들이 모두 소심하게 된 이야기 시작할게. 눈을 감고 들어봐.

　소심 왕국에 태어난 아이들은 배가 고파서 울면 엄마들이 바로 젖을 주는 것이 아니라, 하루가 넘어야 젖을 먹을 수 있었어. 이유는 엄마들이 너무 소심해서 젖을 줘야 하는지 말아야 하는지 결정하는 데 걸리는 시간이 하루 이상이었던 것이야.

　기저귀가 젖어서 기저귀 갈아달라고 울어도 기저귀를 갈아주는데 걸리는 시간은 반나절이 넘었던 것이야. 그 이유도 기저귀를 갈아야 할지 말아야 할지 결정하는데 걸리는 시간이 반나절 이상이 걸렸기 때문이지.

　소심 왕국 사람들은 태어날 때부터 배가 아무리 고파도 거의 굶어 죽기 직전에야 젖을 먹을 수 있었어.

　기저귀가 아무리 찜찜해도 똥오줌이 범벅이 된 기저귀를 반나절 이상씩 차고 있어야 했어. 그렇게 자란 아이들은 그들의 부모와 똑같이 아이를 키웠지. 너무 배고프고 너무 찜찜했던 기억들로 가득한 소심 왕국 사람들은 그래서 모두 아주 소심해지기 시작했어.

왕도 마찬가지였지. 봄에 씨를 뿌리라고 명령을 내려야 하는데 가을이 돼서야 씨를 뿌리라고 명령을 내렸던 것이지. 그러면 다시 소심한 백성들은 봄이 되어서야 씨를 뿌릴 결정을 할 수 있었던 것이지. 그래서 겨우 밥은 먹고 살 수 있었어.

그러던 어느 날 소심 왕국에 왕비가 새로 시집을 왔어. 그 왕비는 소심 왕국 왕을 보고 깜짝 놀랐지. 아침 식사를 하는데 먹어야 할지 말아야 할지 결정하고 밥을 먹는데 몇 시간이 지나야 식사를 시작하는 것이었어.

왕비는 이대로 살다간 자기가 죽을 것 같아서 소심 왕국 사람들이 왜 이렇게 살아가는지 조사하기 시작했어. 조사를 다 마친 왕비는 왕에게 이런 명령을 내려 주십사 요청했어.

"우리 소심 왕국이 소심해서 겨우 밥만 먹고 살아가는 이유를 알았습니다. 아이가 울기 시작하면 '3초' 안에 달려가 아이에게 젖을 물리거나 기저귀를 갈아주게 해야 합니다. 아이의 울음은 말입니다. 태어나서 배고프다고 울음으로 이야기하는데 소심 왕국 사람들은 아무도 그 이야기를 들어주지 않습니다. 이렇게 살면 소심 왕국은 멸망할 것입니다."

'아이가 울면 3초 안에 달려가 아이에게 젖을 주고 기저귀를 갈아주어라. 만약 이를 어길 시 똥침 100개를 놓을 것이다.'

왕이 이 명령을 내리기까지 시간이 얼마나 걸렸는지 알아? 그래 3년이라는 긴 시간이 걸렸어. 그 후로 소심 왕국은 어떻게 되었을까? 친구들이 소심 왕국의 다음 이야기를 만들어 주세요.

황금 도깨비

도깨비의 피부색은 뭘까? 살색? 땡! 황금색이었어. 반짝반짝 빛나는 황금색.

그래서 도깨비는 자기 피부색이 정말 맘에 들었어. 팔만 봐도 반짝반짝 빛나니까 기분이 좋고 얼굴을 봐도 반짝반짝 빛나니까 멋져 보였지.황금 도깨비의 머리카락이 무슨 색이었는지 알아? 황금색? 땡!

황금 도깨비는 피부가 황금이어서 딱딱한 피부 때문에 머리카락이 날 수 없었어. 그래서 황금 도깨비는 털이란 털은 아무것도 없었어. 황금 도깨비는 머리카락이 긴 사람을 보면 어떤 마음이 들었을까? 잡아갔어? 사랑했어? 좋아했어? 맞아. 좋아했어. 머리카락이 긴 사람을 보면 정말 좋고 부러워서 도깨비는 머리카락이 긴 사람들 뒤를 따라다니기 시작했지.

그리고 긴 머리카락을 잡아당겼어. 사람들은 머리카락이 당겨져서 뒤를 돌아보면 아무도 없었어. '이상하다 도깨비에 홀린 것 같네.' 옛날 사람들은 도깨비가 마술을 부린다고 생각했어. 도깨비는 숲속에서 같은 길을 계속 돌게 했고, 도깨비는 장난꾸러기였단 이야기가 있거든.

사람들은 이상한 일이 생기면 '도깨비에게 홀린 것 같네.'라고 이야기하곤 했지. '너도 그랬어? 나도 그랬어, 이게 무슨 일이지?' 하고 사람들은 궁금해지기 시작했어.

그런데 도깨비의 황금색은 한 달에 한 번 나타났어. 보름달이 뜨는 밤이면 반짝반짝 빛났어. 도깨비는 자기가 반짝반짝 보이는 줄도 모르고 사람들 머리카락을 잡아당기다가 그만 천하장사에게 딱 걸렸어.

천하장사는 머리카락을 잡아당기는 황금 도깨비를 안다리를 걸어 꽈당 넘겼는데, 아 글쎄 도깨비가 털이 하나도 없는 것을 보고 깜짝 놀라서 왜 털이 없는지 도깨비에게 물었어.

"저는 예쁜 피부색을 가졌지만 피부가 딱딱해서 머리카락도 털도 나지 않아요. 그래서 사람들 머리카락을 보면 부러워서 잡아당기게 되었어요." 천하장사는 그런 도깨비의 사정을 알게 되었지.

그리고 도깨비를 들쳐 매고 어디로 갔는지 알아?

황금 도깨비를 가발 가게로 데리고 갔어. 천하장사는 "헤어 디자이너님 도깨비에게 가장 멋진 머리카락을 선물해 주세요."라고 말했지. 그러자 헤어 디자이너가 말했어. "이렇게 멋지게 빛나는 황금 도깨비는 처음 만나요. 어떤 머리카락 색도 정말 다 잘 어울리겠어요. 황금 도깨비님은 어떤 색을 좋아하시나요?"

"저는 황금색을 가장 좋아하죠."

"아 그러시면 머리카락도 금발로 해드릴까요?"

"아 황금색을 좋아하긴 하지만 머리카락도 황금색이면 제 머리카락이 잘 튀지 않을 것 같은데요."

"아 그렇다면 파란색으로 해드릴까요?"

"파란색은 좀......."

(아이들에게 무슨 색의 머리카락을 선물하고 싶은지 질문해 주시고, 아이가 선택한 색으로 바뀐 머리카락을 이야기를 해주세요)

"저는 오페라 색이 좋아요."

"아~, 분홍이지만 밝은 빛이 나는 그 오페라 색 말씀이신가요?"

"네."

가발이지만 머리카락을 갖게 된 황금 도깨비는 어떻게 되었을까? 황금 도깨비는 사람들 머리카락을 잡아당기지 않고 가발 가게 단골이 되었다고 해. 기분이 좋아진 황금 도깨비는 자기의 방망이를 이용해서 사람들에게 선물을 주고 싶었어. 황금 도깨비가 "잠 나와라. 뚝딱!" 하고 방망이를 두드리면 사람들이 뚝딱! 하고 깊~은 잠을 잘 수 있다고 해.

친구들도 '어? 내가 언제 잠들었지?'라며 깨어난 날 있지? 바로 그런 날이 황금 도깨비의 '잠 나와라. 뚝딱!' 주문이 통한 날이야.

뚝딱 잠들지 않아도 괜찮아. 잠이 안 와도 괜찮아. 그냥 편안하게 누워 있기만 하면 누구든 잘 잘 수 있어.

치과가 무서운 상어

　옛날 옛날에 깊은 푸른 바닷속에 상어 친구들 세 마리가 함께 살고 있었어. 그 깊은 바닷속에는 무엇이 있었을까?

　분홍빛 산호초가 물노래를 부르면 성게가 삐죽삐죽 가시 춤을 추고, 해삼이 물총을 뿅~ 쏘지. 연두, 분홍, 빨강, 파랑 불가사리는 손가락 숫자만큼 가만히 기다리고 있었어. 그 친구들 사이를 어슬렁거리며 헤엄치는 동물이 있었어. 그 친구들은 바로 한상, 두상, 세상이라는 이름을 가진 상어 친구들이었어.

　어느 날 한상이가 엉엉 울면서 두상이, 세상에게 다가왔어.
　친구들이 깜짝 놀라 한상이에게 달려왔어.

　"한상아 무슨 일이야?"

　"어, 오늘 치과에 갔는데 너무 무서워서 울고만 왔어.
　치과에 있는 의자에 앉으면 너무 무서워. 저절로 내려가는 의자는 나를 거꾸로 매달아 놓는 거 같아서 숨이 막히는데 거기에 눈도 못 뜰만큼 엄청나게 밝은 빛이 나오니까 내 얼굴을 천으로 덮잖아."

한상이가 엉엉 울며 다시 이야기를 시작했어.

"그러고 나면 드르륵 드르륵 소리를 내며 쇳덩이를 내 입속에 넣고 여기저기 돌아다니게 했어. 정말 그 느낌 싫어.
그래서 엉엉 울었어. 내가 너무 우니까 의사 선생님이 치료를 못 하겠다고 다음에 다시 오라고 해서 오늘은 겨우 빠져나왔어.
아직도 치과가 너무 무섭고 싫어. 다시는 가고 싶지 않아."

그 이야기를 듣고 있던 두상이가 깔깔깔 웃었어.
"하하하, 한상아 너는 천하제일 무적 이빨을 가진 상어 아니야?
한상아! 썩은 이를 치료받지 않으면 어떻게 되는 줄 알아?"

한상이가 훌쩍이며 말했어.
"알긴 하지. 다 썩어서 이가 몽땅 빠지겠지. 그래도 치과는 너무 무서워~."

또 두상이가 깔깔 거리며 이렇게 이야기했어.
"한상아! 하하 상상해봐 너무 웃겨. 네 이빨이 모두 썩어서 까맣게 변했다고 생각해봐. 하하하, 깔깔깔, 너의 날카롭고 단단하고 하얀 이가 몽땅 까맣게 썩은 모습 말이야. 정말 정말 정말 웃겨서 배꼽이 빠질 것 같아. 하하하하 아이고 배야~, 너무 웃어서 배가 아파 하하하.”

　한상이와 두상이의 이야기를 듣고 있던 세상이가 두상이에게 화를 내며 이야기했어.

　“야! 두상이 너 한상이 친구 맞아? 친구는 치과가 무서워서 계속 울고 있는데, 너는 웃음이 나와? 그것도 멀쩡한 이가 까맣게 다 썩을 것이라며 놀리면 너는 웃길지 몰라도 너는 친구의 마음도 모르는 것 같아서 나는 화가 난다.”

　세상이가 한상이를 안아 주며 이렇게 이야기해주었어.

　“한상아, 나라도 치과가 무서울 것 같아. 그리고 나도 치과가 엄청 무서웠어.

　한상이 너는 거울 하나만 입속으로 넣었나보다. 그 거울이 충치를 찾느라고 드르륵 소리를 내면서 여기저기 돌아다니긴 하지.

　있잖아. 한상아! 나는 드르륵거리는 거울이 나가고 난 후에, 물총이 내 입속으로 들어오더니 물을 찍 발사하지 뭐야. 그리고 난 후에 시씨시찌이이익~ 후루루쩝쩝 소리를 내는 기다란 것이 들어오더니 그 물들을 다 빨아들이니까 엄청 개운했어.

　그리고 나서 무슨 일이 있었는지 알아?

　내 입속에 돌돌돌 거리면서 째쎄쌕쎄에에쎄쎄쎄액 소리 나는 무언가가 내 이를 갈기 시작했어. 한상아! 그 소리는 들으니까 까만 충치와 전쟁을 벌이는 탱크 같았어. 충치가 없어진다 생각하니까 마음이 편안해졌어. 쎄쌕쎄에에쎄쎄쎄액 소리는 긴장되면서 편안하게 느껴졌어.

편안하게 누워 있으니까, 물총이 다시 들어와서 물을 쏘고 시씨시 찌익이 후루루쌕쌕이가 들어와서 내 입안을 개운하게 만들었어. 입안이 개운해지고 탱크가 충치를 이긴 거야. 기분이 좋아졌어."

한상이가 세상이에게 질문을 했지.
"세상아 어떻게 치과가 나른하고 편안해져? 나는 계속 무섭고 눈물만 나와. 엉엉엉."

세상이가 한상이를 꼭 껴안아 주며 이야기했어.
"한상아 눈물이 나오면 실컷 울어도 괜찮아. 더 크게 울어봐."

"한상아! 계속 울어도 괜찮아. 괜찮아." "한상이 네가 다 울 때까지 기다려 줄게. 실컷 울어. 한상아~ 그런데 왜 눈물이 계속 나오는 걸까?"

"무서우니까 눈물이 나지."

"그래? 그럼 눈물을 흘릴 때마다 무서움이 눈물과 함께 다 나와 버리겠네. 그리고 한상아~ 그럼 내 손 위에 너의 무서운 마음 올려 줄 수 있을까?"

"어? 뭐라고?"

"내 손 위에 너의 두려운 마음 올려놓을 수 있어?"

"어? 아니 두려움이 없는데 어떻게 올려 놓아줘."

"그래 우리 한상이 똑똑하네. 두려움은 냄새 맡을 수도 없고, 잡을 수도 없고, 먹을 수도 없어. 어떤 모양도 없잖아."

"어 정말 그렇다. 그런데 나는 왜 아직 조금 무섭지?"

"그럼 나도 당연히 조금은 무서웠어. 하지만 처음 들어본 소리가 들리면 나는 마음속으로 아~ 드르륵 소리가 들리면 탱크가 이긴다고 생각했어. 쎄쌕쎄에에쎄쎄쎄액 소리가 들리면 탱크가 충치와 전투 중이라고 생각했어.

강한 빛에 눈이 부시면 나는 두 눈을 감고 더욱 편안해지면서 치과는 편안한 곳이라고 생각할 필요도 없이 내 썩은 이를 치료해주는 좋은 곳이라는 생각들이 몰려와.

돌돌돌 소리가 들리면 내 마음에서 전쟁이 거의 끝나는 느낌이 들었어. 치과 선생님 목소리는 우리 엄마 목소리보다 더 부드럽다고 생각하지 않아도 부드럽게 들리고, 두려움은 나에게 아무것도 아니라고 느끼지 않아도 아무렇지 않게 해줘."

"그렇구나.
근데, 너에게만 통하고, 나에게는 통하지 않으면 어떡해?"

"너도 나랑 같은 상어니까, 꼭 그렇게 생각할 수 있어."

두 친구의 이야기를 듣고 있던 두상이는 어떻게 되었을까?
정말 편안해져서 한상이와 세상이가 이야기하는 동안 쿨쿨 깊은 잠이 들어 버렸어. 우리 00(이)도 쿨쿨 잠들어 볼까? 두상이가 더 편안할까? 우리 아이가 더 편안할까?

"야"만 말하는 공주

옛날에 아주 귀한 공주가 살고 있었어. 그 공주의 뺨은 복숭아의 분홍빛과 같은 색을 띠고 있었고, 입술은 빨간 젤리처럼 달콤하게 생겼어. 눈은 샛별처럼 빛나는 눈을 가진 공주였어. 그런데 그 공주는 딱 한 단어만 말 할 수 있었어.

그 말은 '야'였지.

왕비가 공주에게 "아침밥 먹을 거니?"라고 물으면 공주는 "야 야 야 야 야 야"라고 말했고 시녀가 "공주님 어떤 드레스가 맘에 드세요?"라고 물으면 공주는 뭐라고 대답했을까? 그래 맞아.

"야 야 야 야 야 야"라고 대답했어.

공주님 무도회에서는 어떤 춤을 추실 거예요?

"야 야 야 야 야 야 야 야 야 야 야 야" 도대체 알아들을 수가 없는 '야' 공주도 주변 사람들도 모두 힘들어했지. 왕과 왕비는 걱정이 되었을까? 되지 않았을까?

그래 땅이 꺼지게 한숨을 푹푹 쉬며 걱정을 했어. 그래서 공주의 언어장애를 치유해줄 치유가를 찾기 시작했어. 상담사 대부분이 많은 이야기를 들려주라는 말 외에는 달리 공주를 고칠 방법을 찾지 못했어.

그러던 어느 날 볼품없고 초라한 치유가가 찾아 왔어. 그 치유가는 '야'밖에 말 못 하는 공주에게 그림 몇 장을 그리게 했고 글을 종이에

적기 시작했어.

"공주야, 정말 미안하구나.

내가 너의 아빠여서, 너의 엄마여서 정말 미안하다. 다른 나라에 태어났다면 이런 어려움을 겪지 않아도 될 텐데, 너에게 이런 어려움을 겪게 해서 정말 미안하다.

공주가 하는 행동들에 왕과 왕비가 '야! 하지 마' '야! 안 돼' '야 야 야'를 얼마나 많이 들려주었으면 네가 '야'만 하는 공주가 되었겠니. 정말 진심으로 미안하다.

공주 네가 '야'만 해도 엄마 아빠의 소중한 딸이고, 네가 말을 잘하는 아이여도 엄마 아빠의 소중한 딸이란다. 네가 똑똑해도 엄마 아빠의 소중한 딸이고, 네가 '야'만 할 수 있는 딸이어도 엄마 아빠에게 소중한 딸이란다.

마음이 얼마나 답답했으면 야밖에 할 수 없는 공주가 되었겠니. 마음에 얼마나 크게 담아 두었을지 알 길이 없구나. 엄마도 엄마가 처음이지만 진심으로 미안해. 정말 미안해."

치유가는 이 말을 반복해서 야 공주에게 들려주라고 했어. 그래도 글이라도 적어준 치유가는 처음이라 왕과 왕비는 그 방법대로 반복해서 들려주었어. 야 공주는 어떻게 되었을까?

왕과 왕비가 계속 위에처럼 이야기를 들려준 후에 야 공주는 가끔 야로 이야기하긴 하지만 지금은 말을 잘하게 되었다고 해.

친구들도 엄마에게 아빠에게 들은 이야기가 마음이 아파도 공주처럼 마음에 담아두지 말고 엄마 아빠에게 슬프다, 무섭다, 불안하다고 꼭 말 할 수 있는 친구가 되어 볼까?

영유아(0~18개월)를 위한 저절로 잠드는 동화
('아가' 대신 이름을 넣어 말해주시면 더욱 효과적입니다)

옛날 옛날에 아가랑 엄마랑 아빠가 살았어.

아가는 엄마 목소리를 좋아했어.

자~, 그럼 아가 엄마가 들려주는 이야기 한번 들어 볼까?

아가야~, 엄마야~.

아가야, 엄마 목소리 들려?

그래~, 엄마 목소리 들리지~.

엄마는 우리 아가를 좋아할까? 사랑할까? 그래~, 우리 소중이 좋아

하면서 사랑하지~.

아가야~.

저쪽 집 아이는 지금 잠을 잘까? 아니면 우리 집 아가는 지금 잠이

올까?

아가야~, 지금 잠이 와도 괜찮고 지금 잠이 오지 않아도 괜찮아~.

우리 아가는 엄마를 좋아하지. 엄마가 얼마나 좋은지 초롱초롱한 아

가의 눈을 보면 엄만 알 수 있어~.

아가가 잠이 없다고 생각하는 것은 엄마 기준이야.

우리 아가가 얼마나 엄마가 좋으면 잠도 안 자고 엄마랑 함께하고 싶겠어.

세상 그 누가 잠을 안 자면서까지 엄마를 그리워해 줄까? 그래~, 우리 아가밖에 없네.

엄마가 얼마나 좋은지 엄마는 잘 모르지만, 엄마 좋은 만큼 우리 아가는 깊~은 잠을 잘 수 있어.

꼭 잠을 자지 않아도 돼. 잠을 자지 않아도 우리 아가는 엄마 목소리를 들으면 편안해지지~.

그리고 우리 아가를 보는 엄마의 눈도 편안해져~.

아가가 편안하게 잠을 잘지, 잠이 올지, 잠이 들지 엄마는 잘 모르지만, 사람은 누구나 편안하게 잠을 잘 수 있어~.

아가야. 엄마, 아빠에게 와줘서 고마워!

아가에게 고마운 만큼 엄마는 평~온~하게 아가를 재울 수 있어.

아가야, 잠이 없는 건 좋은 일이야. 아가가 잠이 없는 만큼 좋은 일은 두 배로 커지고, 잠이 오는 만큼 온몸은 두 배로 편안~해져서 깊~은 잠을 잘 수 있어.

(다음문장을 말해 줄 때는 아가의 신체 부위를 쓰다듬거나 만져주

거나 아이가 좋아하는 스킨십을 함께 해주시면 안정감과 효과가 더욱 높아집니다)

아가 코 하나, 코가 편안해져.
아가 눈 둘, 눈이 무거워지면서 점점 평온해져.
아가 입 하나, 엄마가 뽀뽀를 '쪽' 하면, 우리 아가 키가 쑥쑥 자라면서 깊은 잠을 잘 수 있어.
아가 손 둘, 세상을 이롭게 할 우리 아가 두 손이 편안해지면서, 점점 깊은 잠을 잘 수 있을까?
아가 엉덩이 토닥토닥토닥. 엄마 손도 토닥토닥토닥.
서로 토닥토닥토닥 하면서 알콩달콩 잠들어 볼까?

우리 아가는 매일 매 순간이 성공이지. 엄마의 눈을 바라보는 것도 성공이고, 목을 가누는 것도 성공이고, 팔딱! 뒤집어지는 것도 성공이지.
우리 아가는 매 순간 성공하니까, 잠도 성공적으로 편안하게 잘 수 있는 것도 당연하겠지?
앞으로는 기어 다니며 성공할 것이고, 걸어 다니며 성공할 거지?
또 '엄마', '아빠'라고 말을 하며 성공할 거고. 아가의 성공 일상에 엄마가 함께할게.

우리 아가가 온전하게 엄마 품에 안겨 있는 것처럼, 엄마 마음도 온전히 아가에게 닿을 수 있어.

　우리 아가를 좋아하면서 사랑하는 엄마 마음 느껴져?

　엄마도 아가 마음 느껴져.

　엄마 마음 느끼면서 점~ 점~ 편안하게 잠들 수 있어.

아이를 위한 언어 명상 문구

(이 중에 마음이 1%라도 허락하는 문구는 모두 아이에게 들려주세요. 어색
해도 모두 할 만한 문구들입니다. 일상에서 아이에게 들려주세요)

엄마가 보고 싶었구나. 엄마가 보고 싶은 만큼 엄마 사랑은 두 배가
된다. 왜냐고? 보고 싶었으니까.

우리 아이(이름) 유치원 다녀올 때까지 엄마가 많이 그리워하고 있
을게. 엄마가 우리 아이(이름) 보고 싶은 만큼 엄마 사랑은 어떻게 되
어 있을까?

엄마가 옆에 있어. 맘껏 울어도 괜찮아. 슬플 때 아플 땐 우는 거야.
실컷 울어. 엄마가 필요하면 안아줄 수 있어. 엄마 팔은 우리 아가 안
으라고 있는 거야. 엄마 다리는 우리 아가에게 빨리 달려가려고 있지.

엄마가 이렇게 가까이 있는데도 엄마가 부르고 싶구나. 엄마가 얼
마나 좋으면 보고 있는데도 엄마를 부를까? 엄마 많이 불러도 괜찮아.
엄마라고 불린 만큼 엄마도 엄마가 되어 있겠지.

옛날에 목수 아저씨가 살고 있었어. 목수 아저씨는 통나무를 슬근

슬근 자르고 망치로 탕탕 못을 박아 나무 인형 하나를 만들었어. 목수 아저씨는 그 인형을 목각 인형이라고 불렀지.

그러던 어느 날 목각 인형이 아저씨에게 말을 걸어왔어.

"아저씨, 아저씨가 저 만드셨어요?"

"그럼 내가 만들었지."

"아저씨 저는 딱딱한 목각 인형 싫어요. 말랑말랑 솜 인형으로 만들어 주세요."

그래서 목수 아저씨는 목각 인형 위에 솜을 덧대어 말랑말랑 솜 인형을 만들어 주었어.

"아저씨, 저는 목각 인형이에요? 솜 인형이에요? 저는 말랑말랑 솜 인형이 좋아요. 솜 인형으로 바꿔 주세요."

그래서 아저씨는 목각 인형을 빼고 솜 인형으로 만들어 주셨어.

"아저씨, 저는 솜 인형이 너무 말랑거려서 싫어요. 다시 목각 인형으로 만들어 주세요."

아저씨는 목각 인형으로 다시 만들면 다시 솜 인형으로 만들어 달라 할 것 같아서 목각 인형 따로 솜 인형 따로 만들었어. 그런데 이번엔 어떤 일이 벌어진 줄 알아?

"내가 더 말랑말랑 하다고."

"아니야 내가 더 딱딱 하다니까." "아니야 내가 더 말랑말랑 하다고." "아니야 내가 더 딱딱 하다니까." "아니야 내가 더 말랑말랑 하다고." "아니야 내가 더 딱딱 하다고." 이렇게 아직도 솜 인형과 목각 인형은 끝날 수 없는 싸움을 하고 있다고 해.

(친구들이 솜 인형과 목각 인형에게 싸우지 않을 방법을 말해 줄래요? 친구들 말이라면 두 인형이 들을 것 같아요. 어떤 이야기를 들려주고 싶어요?)

여기 까지만 아이와 함께 읽어주세요.
다음 장부터는 어른을 위한 이야기 입니다

알레르기, 아토피가 있는 아이들을 위한
언어 명상 문구

부모님의 목소리로 반복적으로 들려주세요. (더 해주고 싶은 이야기도 편안하게 추가해 주세요. 아가 대신 아이 이름을 불러주면 더욱 좋습니다)

아가야! 엄마는 아빠는 너의 피부가 가장 부드럽단다. 정말이야. 이렇게 부드러울 수 있다니 정말 놀라워. 이보다 더 울퉁불퉁하고 피, 고름 날 수 있는데 네가 소중해서 이렇게 부드러울 수 있는 거야.

그리고 엄마가 미안해. 정말 미안해. 아들, 딸이 뭐라고 네가 아들이길 바라고, 딸이길 바라서 진심으로 미안해.

엄마가 몰랐어. 내 몸에서 태어나니까 아들도 딸도 고르는 것으로 생각했어. 너는 아들이어도 소중하고 딸이어도 소중해. 그리고 엄마, 아빠에게 와줘서 고마워.

알레르기를 가지고 있는 너는 두 배로 더 소중하단다. 왜냐하면 엄마, 아빠의 알레르기 있는 우리 아이니까. 알레르기를 가지고 있는 너를 두 배로 더 사랑한단다. 왜냐하면 알레르기 있는 우리 아이니까. (이 문장들이 '맞다', '아니다'의 문제가 아닙니다. 이것을 말해줄 수 있는 부모이냐 아니냐의 문제입니다. 선택은 부모님들께서 자유롭게 하시면 됩니다)

<하나님을 믿는 분들을 위한 언어 명상 문구>

하나님! 하나님 은혜에 감사합니다. 그 은혜에 늘 감사하지만, 더욱 감사한 것이 있습니다. 이 죄 많은 저를 얼마나 사랑하셨으면, 저같이 부족한 부모에게 우리 아이를 보내주셨습니까?

하나님의 은혜로 온 저의 아이가 얼마나 소중하고 저에게 과분한지 알 길이 없습니다. 이대로 온전한 저의 아이를 우리 아이로 보내주셔서 감사합니다.

제가 우리 아이 부모여서 우리 아이 마음이 얼마나 답답하고 슬플지 얼마나 두려울지도 알 길이 없습니다.

그런데도 저를 부모라 섬기고 함께 살아가 주는 저의 아이를 저에게 보내주셔서 무엇으로 하나님의 은혜에 보답해야 할지도 알 수가 없습니다.

하나님의 은혜로 저에게 온 우리 아이에게 전 아무것도 바랄 수 없음을 깨닫게 하여 주시옵소서. 제가 우리 아이가 무엇이 되길 기대하고 바라는 마음을 버리게 하시고 오직 주님의 뜻대로 하시옵소서.

아이가 행하고 가는 모든 길이 주님의 뜻임을 기억하겠나이다.

주님의 은혜로 저에게 온 아이가 저의 아이가 아니고 주님의 자녀로 인도할 수 있는 용기와 힘을 주시기 기도하겠나이다. 저는 아무것도 알지 못하옵니다. 다만 주님의 뜻대로 하옵소서.

제가 가는 길이 주님의 뜻임을 알게 하여 주시기만을 바라옵니다. 오직 주님의 뜻대로 하시기 바라옵니다. 주님의 뜻이 아닌 사람인 부모의 바람이나 기대를 버리게 하여 주시옵소서. 주님 뜻대로 하시옵소서.

이제, 마지막으로 오늘도 엄마라는 극한 직업을 가진 모든 엄마를 재워줄 차례입니다.

오늘도 애쓰셨습니다.

애쓴 만큼 나 자신을 양팔로 꼭 안아 주세요. 그리고 다음을 나에게 들려주세요.

"오늘도 네 자식 키우느라 애썼어.

너니까 할 수 있는 일이란다.

이 세상에 딸로 태어나줘 고마워.

네가 딸이어서 온 마음으로 고마워.

그리고 엄마여서 정말 고마워.

내가 나라고 잘 대해주지 못해 미안해.

이런 나도 내가 정말 사랑한다.

내가 나에게 와줘서 정말 고마워.

이 세상의 모든 엄마는 너를 포함해서 모두 평온하게 잠들 수 있단다.

지금 모습 그대로 이미 항상 사랑스럽고 자랑스러운 딸아~,

잘 자."

PART
04

"아이가 저절로
잠드는 방"

아이를 저절로 잠들게 만드는 아이 방 인테리어 이야기

자, 지금부터 리모델링 전문가가 들려주는, 아무리 까칠한 아이도 5분 안에 뚝딱 잠재우는 비법이 담긴 '아이 방 인테리어 이야기'를 시작하겠습니다. 들을 준비 되셨습니까?

아이를 뚝딱 재울 수 있는 방은 다음과 같은 요소가 있어야 합니다.

첫째, 따뜻해야 합니다.
둘째, 부드러워야 합니다.
셋째, 편안해야 합니다.
넷째, 안심되어야 합니다.
다섯째, 다채로워야 합니다.

이 모든 요소를 포함한 한 가지 재료가 있습니다.
그 재료가 무엇인지 궁금하지 않으십니까?

따뜻하고, 부드럽고, 편안하고, 안심이 되고 다채로운 그 재료는 바로 아이의 '엄마'입니다. 참 간단하지요? 그러나 쉽게 가질 수 없는 재료일 수도 있습니다.

어둠은 세상 만물을 공평하게 만들어주는 장점이 있습니다. 아무리 멋진 고가의 인테리어도 어둠이 오면 아무도 볼 수 없습니다. 하지만 어둠이 가릴 수 없는 것이 있으니 바로 아이가 기다리는 편안한 엄마의 숨소리, 말소리, 심장 소리, 엄마 냄새, 엄마의 에너지입니다.

5분 안에 아이를 잠재우는 아이 방 인테리어와 집 리모델링은 약간의 돈과 약간의 시간만 투자하면 누구나 할 수 있습니다. 그런데 놀랍게도 방뿐만 아니라 엄마도 리모델링 할 수 있습니다. 매일 아이를 잠재우는데 쩔쩔매거나 힘들어하는 엄마에서, 어떤 기질의 아이도 평온하고 편안하게 재울 수 있는 엄마로 리모델링 하는 방법은 무엇일까요?

옛날에 20대 중반의 한 아가씨가 살았습니다. 그 아가씨는 괜찮은 조건을 가진 건설회사의 인테리어 사업부에 취업하였습니다. 그런데 1년도 되지 않아 인테리어 사업부의 상사가 퇴직하게 됩니다. 회사는 그 상사의 자리를 충원하지 않고 상사가 하던 모든 일을 1년도 안 된 그 아가씨에게 맡겼습니다. 건설회사의 특성상 건축주들이 자주 오고 가는 사무실이었습니다. 그 건축주들 대부분 그 아가씨의 아버지, 어머니뻘 되시는 연배였습니다.

정신병 수준의 건축주들을 만나며 단단해진 이야기

현장 소장님들이 건물의 뼈대를 세우면 그 아가씨는 인테리어 디자인, 도면, 현장 감리까지 일인 몇 가지의 일을 해야 했습니다. 그 일들을 다 하려면 10시 퇴근은 참 빠른 퇴근 시간이었고, 주말은 평일처럼 일하는 일상의 연속이었지만, 그녀는 그 일이 정말 좋았습니다.

하지만 한 가지 복병이 기다리고 있었습니다. 그것은 종잡을 수 없는 다양한 건축주, 바로 사람이었습니다. 시시각각으로 마음이 변하는 건축주, 대놓고 어린 담당자를 무시하는 건축주, 갑자기 졸부가 된 건축주, 무식한데 보고 들은 건 많은 건축주, 전 재산을 건물에 투자하는 건축주들을 만났습니다. 그러다 아가씨는 위의 특성을 모두 가진 결정판 건축주와 만나게 되었습니다.

그녀는 조용한 인상을 주는 분이었는데, 모든 사항을 알아서 시공해 주길 원했고 자재는 중급 수준으로 맞춰 주길 바랐습니다.

건물 인테리어 공사에 비하면 아파트 한 채는 엄청 간단한 공사였기에 중급수준으로 자재에 대해 충분히 설명해 드린 후 공정에 맞춰서 공사를 진행하였습니다.

그런데 공사 진행률이 70%쯤 되어가는 시점에 사람이 돌변하면서 괴물이 있다면 아마 저런 모습이겠지 싶은 모습으로 변해가기 시작했습니다.

본인이 직접 선택했던 모든 자재에 시비를 걸기 시작했습니다. "내가 언제 이런 싸구려 벽지로 해달라고 했어?, 싱크대는 **으로 해야지, 누굴 거지로 아는 거야?, 우리 아들이 인테리어 자격증은 있냐고 물어보라고 하더라. 이딴 식으로 하면 이번 달에 사장에게 빌려주기로 한 돈 하나도 못 빌려줘." 등의 막말을 하기 시작하였습니다. 이상한 사람이라고 그냥 이해하고 일을 처리하기엔 그 아가씨는 너무 어리고 저런 건축주에 대한 경험도 없던 나이였습니다.

무엇보다 그 건축주는 회사 대표에게 거액의 돈을 빌려주고 있었습니다. 아가씨는 그 당시 하루 수십 통의 대표의 전화를 받으며 '죄송합니다.'를 녹음기처럼 되풀이해야 했습니다.

이미 시공된 대부분 자재를 뜯고 다시 시작해야 했던 공사. 가져가는 샘플마다 "이것밖에 없어? 흠, 그래도 이게 그나마 낫네."라며 한참의 시간을 들여 결정하고 돌아 나오면 차 안에서 들려오는 전화벨 소리.

"여보세요. 아까 그거 맘에 안 들어. 다른 샘플 좀 가져와 봐." 다시 샘플들을 가져가면 "이것밖에 없어? 이나마 이게 낫네." 그렇게 결정하고 나서 전화가 없으면 안도의 한숨을 쉬고 다음 날 공사 일정을 맞춰 둡니다. 그 집 공사도 언젠간 끝나겠지 하는 희망을 품으면서 말입니다.

한밤중에 전화가 걸려 와서는 "나 그거 맘에 안 들어. 내일 다른 거로 다시 골라봐야겠어."라는 말을 듣는 그 순간 '아 지옥이 있다면 이런 곳이겠구나.'라며 뜬눈으로 밤을 보내야 했습니다.

일초가 하루 같고 지옥 같았던 공사도 시간도 시간이 지나니 그 또한 지나갔습니다. 리모델링 경력 20년 동안 그보다 더한 건축주는 만나지 못했습니다.

그런데 이렇게 최고로 어렵고 이상한 건축주를 겪고 나니 놀라운 일이 벌어졌습니다. 세상 사람 모두가 천사 같아 보였습니다. 꼭 퇴근 시간에 맞춰 들어오셔서 도면 수정을 요구하시던 대표님도 귀엽고, 괄괄하시던 현장 소장님은 장군처럼 멋져 보였고, 친한 직장 동료들은 곧바로 천사로 등극하는 기이한 경험을 하게 됩니다.

웬만큼 까칠한 건축주도 그냥 어머님, 아버님으로 등극하여 다수의 부모를 새로 가지게 되는 경험을 하면서 사람에 대한 관점의 변화를 맞이하였습니다.

그렇게 행복한 일상을 지내던 어느 날 절대 만나고 싶지도 않고, 전화도 목소리도 듣고 싶지 않던 종합선물세트 그 건축주의 전화가 아가씨 부서로 돌려집니다.

건축주는 당황한 목소리로 아주 개인적인 사고처리를 해야 하는데 부탁할 곳이 없다며 다급하게 말했습니다. 아가씨는 순간 화가 치밀었지만, 차분하게 통화를 해 준 후 전화를 끊고 업체를 섭외해서 사고를 마무리하게 했습니다. 그리고 얼마 후 다시 건축주의 전화를 받게 됩니다.

"아이고, 정말 고마워. 정말 다급하고 어떻게 해야 할지 모르겠는데 최 기사가 생각났어. 그렇게 빨리 처리해 줘서 정말 고마워."

그 순간 '아! 이분은 괴물이 아니었구나. 표현을 어떻게 하는지 모르는 분이었구나. 내가 정말 큰 오해를 하고 있었구나. 긴박한 상황에서 나를 생각했다니, 나를 수많은 요구 사항을 해결한 해결사라고 생각하셨구나.'라는 깨달음이 왔습니다. 그리고 그 아가씨는 결정적인 한 문장을 날리게 됩니다.

"사모님, 사모님 말씀이신데 당연히 빨리 처리해야지요. 사모님은 우리 회사의 VVIP이시잖아요." 건너편 전화기에서 "아이고, 아니야"
라는 말과 함께 웃음소리가 들려옵니다.

이 건축주의 웃음으로 아가씨는 그 건축주와 무언의 화해를 하게 되
었습니다. 그 화해가 무엇을 불러왔을까요? 그 건축주는 만나는 사람
마다 그 아가씨의 칭찬을 하고 다니기 시작하였습니다. 대표님에게는
말할 것도 없었겠지요. 그 후로 회사 내에서의 아가씨의 입지는 더욱
탄탄해지고 높아졌습니다.

재료, 공간, 디자인 연구가이면서 사람 연구가였다.

아가씨는 경험이 쌓이고 직장 연차가 올라가면서 내부 마감 때 현
장에 나가 있는 일이 잦아졌습니다. 왜냐하면 인테리어는 고유한 아
가씨의 분야였기 때문이었습니다. 아가씨가 현장에 나가니 남자 기술
자들이 간을 보기 시작하였습니다.

어린 여자에게 지시를 받는 기분이 들어서였을까요? 아니면 아가씨
가 부족해서였을까요? 아가씨 앞에서 연장통을 던지고 나가는 목수
분, 망치를 던지는 타일공, 아가씨가 지나가면 위아래로 훑어보던 현
장 잡부들. 상황이 너무 지나치게 될 때는 현장 통제를 위해 이런 말을
하기도 했습니다. "저는 이렇게 일 못 합니다. 제 현장에서 나가세요."

아가씨의 한 마디가 현장에서는 곧 법이었습니다. 그런데 어린 여자
에게 그런 소리를 듣고 나가는 나이 많은 남자는 현장이 떠내려가게

악에 받친 목소리로 아가씨에게 욕을 하기 시작했습니다.

'세상에 이런 욕도 있었구나.'라고 신기한 생각을 할 정도로 심한 경험을 했던 하루였습니다. 건축주라는 거대한 산을 넘으니 이젠 공정마다 수많은 크고 작은 산들을 넘어야만 했습니다.

연장통을 던지고 나간 목수분과는 어떻게 화해를 해야 할까요? 그때 아가씨의 위치는 화해하지 않고 그 목수를 내일 현장에 못 나오게 할 수도 있는 위치였습니다. 하지만 아가씨는 목수분과 조용한 장소로 가서 사실에 근거한 사과의 말을 전합니다.

"사장님 경륜에 비하면 보잘것없는 제가 이랬다저랬다 해서 힘드셨죠. 저도 현장에서 맡은 책임이 있어서 제 실수를 인정하기가 쉽지 않았습니다. 너그럽게 봐주세요. 그리고 이 현장은 사장님 안 계시면 큰일 나요. 내일 꼭 나와 주시고요." 그 연배의 막노동 바닥에서 잔뼈가 굵은 분이 조카뻘인 여자아이에게 큰소리를 들은 그 마음이 오죽하셨을까요?

그런 수많은 사람을 만나면서 이 아가씨는 살아남기 위해 연구를 시작합니다. 무슨 연구였을까요? 인테리어 디자이너가 해야 할 디자인, 재료, 공간 등의 연구였을까요? 그것은 기본이었습니다. 거기에 '사람' 연구까지 시작하게 되었습니다. 그렇게 하지 않으면 그 바닥에서 살아남을 수 없었을 것입니다.

건축과 인테리어 일을 하면서 연구된 인간에 대한 파악은 대략 다음으로 정리됩니다. 주로 건축주 중심입니다.

이분은 재료에 대한 설명을 자세히 해드려야 하는 분.

이분은 10원까지 꼼꼼하게 견적해드려야 하는 분.

이분은 샘플을 3가지 범위에서 제시해드려야 편하게 느끼시는 분.

이분은 샘플 모두를 보여드려야 하는 분.

이분은 본인의 생각을 정리하는 질문을 드려야 하는 분.

이분은 이야기를 충분히 들어드려야 하는 분.

이분은 존중의 표시만 하면 되는 분.

이분은 수정사항이나 추가사항에 대해 꼭 사인을 받아 둬야 하는 분.

이분은 결정을 빨리해서 빨리 공사를 끝내야 하는 분.

이분은 조용한 분이라 많은 질문과 이야기를 끌어내야 하는 분. 등의 사람에 대한 경험과 데이터를 구축해 나가게 되었습니다.

공정마다 만나는 분들은 어떤 경험과 데이터를 구축하였을까요? 업체들은 '존중'이면 충분하였습니다. 아가씨가 생각하는 막노동은 어려운 업종이면서 아니기도 하였습니다. 인테리어는 단순 무식한 업종이면서 예술과 장인 정신을 발휘하는 곳이기도 하기 때문입니다.

하지만 대부분 사람이 '노동'을 무시하는 경향이 있습니다. 그것을 알고 있는 아가씨가 그런 대접을 받는 그분들의 마음을 이해하는 것은 그리 어렵지 않았습니다.

아가씨는 그분들의 '고유 기술', '고유 능력' 찾기 공식을 스스로 만들었습니다. 단순 잡부의 역할을 하고 계셔도 사람이기에 빛을 발하는 무언가는 관심만 기울이면 찾기 쉬웠기 때문이었습니다.

"와~, 어떻게 이렇게 빨리 정리를 끝낼 수 있으세요. (장점 찾기), 우리 사장님 까칠한 소장 만나서 예술을 하고 계시네요. (사실 인정하기), 사장님 이건 어떻게 해야 할까요? (아는 것도 조언 구하기), 사장님은 매일 예쁜 것만 보시는 일이라 참 좋은 직업 같아요. (직업 존중), 사장님이라서 가능한 일이었습니다. 장인 정신 없이는 할 수 없는 일이셨어요. 덕분에 제가 대신 건축주에게 칭찬받았어요. (업체의 강점 강조하기)' 등의 몇 가지 존중 요소들만 있으면 아무리 힘든 현장이어도 보람을 느낄 수 있는 지름길을 발견하였습니다.

인테리어 디자이너이면서 마음 스토리텔링 디자이너였다.

그 아가씨는 긴 회사 생활을 접고, 프리랜서의 길을 가게 되었습니다. 조직에 있을 때는 조언을 구할 수 있는 상사도 계시고 어려움을 같이 이야기할 직장 친구도 있었기에 위로받을 수 있었습니다.

하지만 프리랜서는 하나에서 열까지 모두 아가씨의 책임으로 변화하였습니다. 건설회사에서는 신축 건물 안에 인테리어 공사를 하는 일이 주 업무였지만, 프리랜서가 되니 낡은 건물을 리모델링하거나 상업 공간을 인테리어 하는 일이 주 업무가 되었습니다.

사람이라는 숙제들이 많이 풀려가니 그 아가씨에게는 건물을 진단해야 하는 과제가 밀려옵니다. 건물에 대한 잘못된 진단은 큰 손실을 주기에 건물에 대한 연구 결과도 데이터가 쌓여가고 있었습니다. 그러면서 그 아가씨는 '품절녀'로 변신하게 되었습니다. 품절녀가 되었어도 프리랜서의 길은 계속 걷게 됩니다. 그리고 새로운 연구도 시작합니다.

자, 하나에서 열까지 모든 것을 책임져야 했던 그 아가씨는 어떤 연구들을 시작하였을까요?

리모델링 공사는 규모가 대부분 크기 때문에 짧은 기간에 목돈이 소요되는 일입니다. 목돈을 지급해야 하는 건축주의 처지에서 생각해보려는 기본 마음을 처음부터 장착하였습니다.

건축주 입장의 마음을 가지면 아무리 까칠하고 예민한 건축주를 만나도 '나라도 그런 마음이 들겠다. 나라면 어떤 공사를 해주는 시공사를 기대할까?'라는 질문을 하면 마음이 편안해지고, 마음이 편안해지니 건축주를 대하는 마음도 편하게 되고, 그 편안한 마음이 건축주에게 전달이 되는 선순환의 연결고리 지점을 찾게 되었습니다.

처지를 바꾸어 배려하는 리모델링 전문가를 만나니 건축주들의 만족도 또한 높아졌습니다. 만족 높은 건축주들이 공통으로 아가씨에게 하는 이야기가 있었습니다.

"실장님은 왜 그렇게 말씀을 잘하세요?"였습니다. 처음엔 칭찬으로 웃고 넘겨졌지만 만나는 건축주마다 비슷한 말씀을 계속해주시니, 아가씨는 '어? 정말 내가 말을 잘하나?, 말을 잘한다면 무엇 때문에 잘하지?'라는 질문이 왔습니다. 그 질문의 답은 무엇이었을까요?

사회 초년생이 감당하기에 너무 스펙터클한 사람들부터 만났기 때문입니다. 처음부터 최소한의 비용으로 최대한의 만족을 끌어내야 한다고 배웠고, 사람을 제외하고는 생각할 수 없는 직업을 통해 사람 마음을 움직이는 스토리텔링 전문가가 저절로 되어 있었던 사실을 깨닫게 되었습니다.

예를 들면, 대부분 최소한의 비용으로 공사하기를 바랍니다. 예산이 아무리 한정적이더라도 사람들의 안목은 비슷해서 고급 자재가 눈에 먼저 들어옵니다. 한정된 예산에서 선택한 자재이기에 저렴해도 마음에 들 수 있는 말씀을 드렸습니다.

"사모님, 우리 집은 이 타일보다 못한 타일로 붙였어도 내구성도 좋고, 시간이 지나도 질리지 않아요." 그 말 한마디가 뭐라고 긍정적 스토리텔링을 해드리면 사람 마음이 괜찮아집니다. 결정 후에도 다른 고가 자재에 대한 미련도 적게 생기는 경험을 하게 되었습니다.

사람 마음은 비슷한 점들이 있습니다. 그중 하나는 시공이 완료된 자재보다 내가 시공하지 못한 자재가 마음에 남아 있습니다.

그럴 땐 "사모님 댁에 시공된 벽지는 외로울 때 도움이 되는 컬러입니다. 초록은 보고만 있어도 뇌가 편안하게 느끼는 색이어서 편안함을 느끼시기에 안성맞춤입니다. 제 석사 논문 제목이 '주거공간과 색채계획에 관한 연구'였습니다.

이 타일은 시공 후에 1년만 좋아요. 하지만 이 타일은 새로운 맛이 안나는 단점 대신에 10년이 지나도 새로운 맛이 납니다. 관리하기에도 훨씬 수월하고요." "사모님 감각이 탁월하셔서 저랑 코드가 정말 잘 맞아요. 고르시는 것마다 저를 편하게 해주시니 꼭 100원 깎아 드릴게요." 등의 말씀을 드리면 안정을 되찾으셨습니다.

아가씨가 만난 건축주들은 대부분 리모델링이 처음이신 분들이었습니다. 처음이기에 본인은 잘 모른다는 편견들을 가지고 있는 점도 공통점이었습니다.

그럴 땐 "사모님, 자재들을 그냥 아무 생각 없이 몇 번 보고 있으면, 이 아이들이 '저 붙여 주세요. 저 데려가 주세요.'라고 손짓을 해요. 그때 손을 잡아 주시면 끝입니다. 고르시는 것 당연히 힘든 일이고요. 그래서 제가 곁에 있습니다.

일단 눈에 들어오는 자재부터 골라 놓고, 애타게 기다리는 아이의 손을 잡아 주시면 되어요." 인테리어 자재를 의인화하는 스토리텔링은 건축주의 부담감도 덜게 하고 '나는 비전문가야'라는 건축주의 패턴을 깨기에 유용한 스토리텔링이었습니다.

또 공통적인 사항 중 하나는 평소 볼 기회가 없던 건축자재들이 몇 가지부터 시작해서 수백 가지를 짧은 시간에 봐야 하니 '나는 못 고를 것 같다. 알아서 해 달라.'는 말씀이었습니다.

알아서 시공한 곳도 극히 드물지만, 아무리 작은 자재여도 건축주가 결정하지 않은 사항은 뒤탈이 나는 경우가 많습니다.

그래서 그럴 땐 "사모님, 10년이 넘어가는 동안 제가 만난 분들 모두 비슷한 말씀을 하셨어요. 그런데 고르다 보면 단 한 분도 예외 없이 아주 잘 고르고 계세요. 모든 분이 각자의 개성에 맞게 상업 용도에 맞게 어쩜 그렇게 잘 고르시는지 사모님도 경험하실 수 있으세요. 자, 시작해 볼까요? 얘는 어쩌고저쩌고, 쟤는 어쩌고저쩌고......."라는 스토리텔링으로 결정 장애마저도 품을 수 있었습니다.

"실장님은 어쩜 그렇게 말씀을 잘하세요."라고 물어 오시는 건축주들에게, 앞선 여러 경험으로 마음 스토리텔링 디자이너가 될 수밖에 없었던 이야기를 들려 드리면 그분도 그런 이야기를 통해 편안함을 가지셨던 것 같습니다.

아이를 키우면서 잠 디자이너가 되었다.

조금만 더 가면 직업적으로 안정을 찾을 수 있을 즈음 아이가 태어난 후부터 이야기는 아가씨에서 나로 돌아오겠습니다. 노산, 고위험군 산모였던 나는 임신과 동시에 모든 일을 접어야 했습니다.

이른 아침부터 늦은 밤까지 일로 채워졌던 일상에서 처음으로 백수가 되니 하루가 길어도 너무 길었습니다. 잠을 자고 또 자고 일어나도 누군가가 저의 시곗바늘을 고정해 놓은 기분이 들었습니다.

그래서 생산적인 일이 무엇일까 생각하니, 그것은 독서였습니다. 언니 집에서 우연히 읽게 된 책 '모신' 한 권으로 내 삶은 아이를 낳기 전과 아이를 낳은 후로 나뉘게 되었습니다.

아이를 낳은 후 치열한 마음공부를 하였습니다. 신생아 때부터 잠이 유난히 없던 큰아이가 어느 날 밤, "엄마~, 어쩌고저쩌고 또 해줘."라고 말합니다.

아이의 그 한마디로 매일 밤 어쩌고저쩌고 이야기는 계속되었고, 몇 년이 흐른 후 유난히 잠이 없던 아이의 엄마가 어떤 까칠한 아이도 금세 뚝딱 저절로 잠들 수 있는 '저잠동(저절로 잠드는 동화)' 시리즈를 만들게 되었습니다. 잠에도 편안하고 평온한 디자인이 필요합니다.

조명 이야기, 수입 벽지 이야기, 그 안에 사는 사람 이야기

'아이 키우기가 너무 힘이 들고, 기쁘지 않고, 무거운 책임감을 어깨에 짊어진 것 같고, 나만 못난 엄마 같고, 내 아이는 육아가 너무 힘든 엄마를 만나 지질히 복도 없다.'는 생각들을 끊임없이 하고 있을 즈음 한 아파트를 리모델링하게 되었습니다.

여러분 혹시 이탈리아 장인이 만든 조명을 보신 적이 있으십니까? 금속을 두드리고 크리스털을 직접 구워서 만든 후 비행기로 한국에 들어온 조명의 빛은 어떨까요? 장인이 만든 크리스털 각에 각각이 부서져서 천장에 반사된 불빛은 지금도 내 눈에 강렬하게 남아 있습니다.

벽지 공사 견적만 일반 직장인 연봉이 훌쩍 넘었던 기억이 납니다. 직장인 월급으로 10년 정도는 모아야 만져 볼 수 있는 거액의 돈들이 단 며칠 만에 집안 마감 자재로 둔갑하고 있었습니다.

한 공정이 끝날 때마다 감탄사가 절로 나오던 고급 자재들이 주던 경이로움 또한 잊을 수 없는 마력이었습니다. 고급 자재들은 샘플만 보아도 눈이 부십니다. 그리고 아무런 디자인 없이 벽에 붙어만 있어도 카리스마 끝판왕입니다.

그런 멋진 카리스마 넘치는 집에 사는 사람은 어떤 사람이었을까요? 여러분의 상상에 맡기겠습니다. 주거공간 리모델링을 진행하려면 건축주 가족들의 생활방식, 성격, 취향이 파악되어야 만족스러운 결과물이 될 확률이 높아집니다.

그러기 위해 나는 많은 질문을 건축주께 드립니다. 그런 질문과 답을 주고받으면 자연스럽게 위 요소들을 잘 파악할 수 있으면서, 만족도를 높이기 때문입니다.

또한 이야기를 주고받다 보면 개인적인 이야기도 오고 가게 됩니다. 지금 이야기 속의 건축주는 조용한 분이어서 공사에 필요한 이야기 외에는 하지 않으셨습니다.

공사 마무리 즈음에 우리 가족이 이 집에 살면 어떤 모습일까? 라는 상상이 시작되면서 의도하지 않은 이야기가 내 입에서 줄줄 나오기 시작합니다.

"사모님, 우리 집 아이들은 밤도깨비예요. 잠이 없어서 이모가 붙여준 별명이에요. 정말 밤도깨비가 있으면 우리 집 아이들 모습일 것 같아요. 조명에 달린 저 예쁜 크리스털을 빛의 속도로 떼서 가지고 놀다 거실 어디 구석에서 굴러다니게 할 것이고요. 예민한 수입 벽지 위에는 밤도깨비들 손때 자국으로 까만 벽지 패턴들이 만들어질 것이고요. 말하고 보니 우리 집 밤도깨비들은 화장지 놔두고 왜 벽에다 손을 닦는지 이해가 안 되어요.

실내정원 조경 돌들은 이 고급 마루에서 굴러다니며 스크래치란 스크래치는 다 만들 것이에요. 커다란 싱크대는 숨바꼭질 장소로 돌변할 것이 분명합니다. 그 안의 고급 식기들은 소꿉놀이 식기로 변해서 우당탕 퉁탕 소리를 낼 것이고요.

아이고야, 상상만 해도 가슴이 답답하고, 머리가 띵해지네요. 저는 공사할 돈도 없지만, 밤도깨비들과는 절대 이런 집에서 살 수 없을 것이라는 잠정 결론을 짓게 되네요. 하하하." 한참 내 푸념을 듣고 계시던 그 조용했던 사모님은 나에게 어떤 말씀을 하셨을까요?

"실장님에게는 밤도깨비가 두 명이나 있으시네요. 제 아이는 하늘나라에 있어요."

"......"

그날 집으로 돌아오는 차 안에서 얼마나 울었는지 모르겠습니다. 멈추지 않고 줄줄 흘러내리는 눈물의 이유를 알 수 없었습니다. 그냥 눈물이 나왔습니다. 남들보다 못하다고 생각하며 보잘것없게 느껴지던 나의 처지가 수천 가지 감사의 대상이었음을 보게 되어서였을까요? 저절로 나오는 감사의 눈물이었을지도 모르겠습니다.

그날 밤도 늦게 잠든 밤도깨비들의 발바닥을 만지니 내가 알던 그 도깨비들이 아니었습니다. 저의 수많은 필터 중 하나가 사라졌음을 느낄 수 있었습니다. 소중하다는 표현으로도 담을 수 없는 나의 아이들을 나의 기준대로 나의 필터대로 해석하며 아이도 나도 힘들게 했구나 하는 사승마(깨달음)가 오면서 한참을 울었습니다. 이런 큰 자각을 하고 나면 일상이 뚝딱 변할까요?

마음 리모델링 1.

'아이 잠 연구소? 뭐지?'

국내 최초로, 어떤 아이도 편안하고 평온하게 잠재울 수 있는 이야기인 '저절로 잠드는 동화'를 만들 수 있는 연구소입니다. 아이 잠과 엄마 마음 연구를 통해 세상에 단 하나만 존재하는 내 아이를 위한 동화책을 쓰는 작가도 될 수 있는 곳입니다.

'아이 방 연구소? 뭐지?'

20년 경력의 리모델링 전문가가 10년간의 마음공부와 자기 성찰을 통해 아이도 편안하고 엄마도 편안할 수 있는 방, 엄마 마음을 리모델링 할 수 있는 연구소를 만들었습니다. 마음을 연구하면 아이 방은 저절로 만들어질 수 있습니다.

'언어 명상'

일반적으로 '명상'이라고 하면 몇 가지 정형화된 양식이 떠오릅니다. 가장 많이 생각나는 것이 '바른 자세로 앉아서, 눈을 감고 호흡을 고르는' 식의 양식입니다. 그런 자세로 마음을 비우고 무념무상의 편안한 상태로 이완을 하고, 또 마음만이 아니라 몸도 이완시킵니다. 때론 마음과 몸에 좋은 명상 문구를 듣거나 심상화로 그려보기도 합니다.

물론 이러한 것도 명상의 일종입니다. 그리고 더 넓은 의미로는, 우리의 마음이 소리나 이미지, 향기 등 특정 대상에 집중할 수 있는 상태가 되어, 마음과 몸에 긍정적인 변화를 일으키는 모든 행위를 명상이라 할 수도 있습니다. 혹은 무상무념의 상태, 어떤 본질을 꿰뚫는 통찰에 의식을 집중하는 경우도 있습니다.

그런데 이렇게 넓게 의미를 확장해도 잘 인식하지 못하는 명상이 있습니다. 바로 '언어 명상'입니다.

'언어 명상'은, 글자 그대로 '언어를 이용한 명상'입니다. 다른 명상이 자세나, 호흡, 이미지화, 외부의 소리나 자극, 무념무상, 몸의 이완 등을 이용한다면 언어 명상의 경우 그 도구는 '언어'입니다. (때에 따라, 명상의 도구나 대상은 사실 '모든 것'이 될 수 있습니다)

'아니, 언어 사용을 멈추는 것이 명상 아닌가? 언어를 사용한다면 평상시와 뭐가 다르지? 그게 무슨 효과가 있을 수 있나?'

이러한 의문이 들 수도 있습니다. 당연히 평상시에 우리가 그냥 사용하는 언어, 일반적으로 떠올리는 생각이나 서로 나누는 대화는 '언어 명상'이 아닙니다. 대부분은 그냥 '언어 기능'이 자동으로 작동되고 있는 것일 뿐입니다.

'언어 명상'의 가장 큰 핵심은, 언어를 도구로 사용하겠다는 점입니다. 즉 우리가 사용하는 말이 무조건 사실이거나 무조건 따르거나 지켜야 할 어떤 것이 아님을 알아채고, 인간이 진화 과정 중에 본래 언어를 만든 목적이 '도구로서의 사용'임을 재인식하는 알아차림이 필요합니다.

언어의 도구 측면을 다시 아는 것이 언어 명상의 출발이자 핵심입니다. 그러기 위해선 평소에 우리가 언어를 어떻게 대하고, 취급하고 있는지 확실히 봐야 합니다. 우리들 대부분 '언어는 사실이다.'라고 비판 없이 믿고 있습니다.

그리고 나와 타인이 언어로 하는 여러 생각, 말 등도 '사실'이며, 그러므로 한번 만들어진 언어, 말, 생각은 어떻게 할 수 없는 것으로 스스로 믿어 버리는 것입니다. 결국 자기가 만든 언어에 스스로 갇혀서 자신을 기쁘게, 슬프게, 외롭게, 힘들게 만드는 것입니다.

물론 언어는 상당히 유용하며, 많은 경우 언어로 표현하는 것은 적절합니다. 하지만 '유용성과 적절성'이 있다고 해서 '절대 바꿀 수 없는 사실'은 아닙니다. 언어는 단지 인간이 만든 '상징'일 뿐, 결코 '사실 자체, 실제 그것'이 아닙니다. 모든 언어는 다만 이야기이고 다만 이름일 뿐입니다.

하지만 인간은, 자신이 만든 언어라는 기능을 자기도 모르게 '절대 바꿀 수 없는 사실 자체'로 믿고, 그 믿음이 자신과 타인을 고통스럽게 할 때조차도 부정하거나 거절하지 못하고, 멈추지 못하고 그 언어와 생각과 말대로 계속 믿고 있습니다. 다른 말로 하면 언어에 중독된 것이고, 언어를 고집하는 것이고, 언어에 의존하는 것입니다.

'언어 명상'은 이러한 언어의 원래 모습과 성질을 주도적으로 파악해서 이제는 언어를 무조건 절대시하지 않는 것이 목적입니다.

그리고 그에 더해서 언어를 주도적으로 활용하는 것입니다. 그렇게 해서 인간이 갇힌 개인적인 생각의 감옥에서 나오는 경험, 그것에서 자유롭게 되는 경험이 먼저 필요합니다.

훈장처럼 가슴에 차고 있는 과거의 트라우마, 경험, 생각에 불필요하게 나의 에너지를 주지 않을 수 있는 선택권을 내가 찾는 것이 목적입니다.

'언어 명상'에서는 이러한 목적을 위해 얼마든지 언어를 적절한 재료로 사용할 수 있습니다. (선불교의 '화두, 공안' 등도 이 언어 명상의 영역에 해당한다고 할 수 있습니다. 즉 언어를 도구로 사용해서 뭔가 자각하게 만들고 각성하게 만드는 것입니다)

언어가 단지 상징이고 도구라고 해서 무시 되거나 아무것도 못 하는 게 아니라, 오히려 이제는 언어가 적절하게 잘 사용될 수 있는 도구임을 보는 것입니다.

언어에 불필요하게 잡히지 않고, 마치 회사의 대표처럼 내가 언어를 더욱 자유롭게, 나에게 이익이 되게 사용하는 것입니다. 언어를 '바뀌지 않는 사실이다'라고 생각하지 않는다는 것이지 결코 언어가 쓸모없거나 틀렸다는 말이 아님을 기억해 주세요. 언어는 최대한 '유용하게' 그리고 자기 주도적으로 써야 할 하나의 '도구'입니다.

아이 잠 연구소가 고유하게 사용하는 IDS(Indirect storytelling) 즉 '간접 스토리텔링' 문구를 비롯한 여러 기법은, 더욱 유연하고 열린 생각을 할 수 있는 공간을 만들어 주는 '언어 명상'의 도구입니다. 언어는 도구이므로, 어떤 문장과 단어를 사용하면 사람에게 좀 더 긍정적인 자극과 변화를 일으킬 수 있는지, 어떤 말을 사용하면 에너지가 소모되는지 등을 연구하는 것입니다.

〈일생은 모두 전부 다 스토리입니다. 다만, 내가 잘 만들어 유용하게 활용할 뿐입니다〉 - IDS 마스터 최지혜 -

어느 대부호의 제안

자, 자녀를 두신 분들에게 질문드리겠습니다.

어느 날 어느 큰 부자가 찾아와 당신에게 이렇게 말합니다.
"당신이 상상할 수 있는 돈보다 더 큰 돈을 주겠소. 당신 아이를 나에게 파시오."라는 이야기를 한다면 당신의 아이를 그 사람에게 파시겠습니까?

　대답은 분명 '아니요'입니다. 어떤 분은 아마 그 사람의 얼굴에 주먹을 날릴지도 모릅니다. (아이를 남편으로 바꾼다면 결과가 달라질 수도 있지만 여기서는 넘어가도록 하겠습니다. ^^)

　질문할 가치도 없는 너무 당연한 질문을 드렸습니까?

　아이를 팔지 않는 이유는 무엇일까요? 내 아이를 감히 돈으로 환산할 수 없기 때문 아닐까요? 어떤 말로도, 글로도 표현할 수 없는 내 아이의 소중한 느낌. 느낌으로밖에 느낄 수 없는 그 느낌. 느껴지십니까? 세상 무엇과도 비교할 수 없는 그 누군가가, 세상 무엇과도 바꿀 수 없는 누군가가 바로 내 아이입니다.
　귀하다는 단어로 담을 수 없는 내 아이에게 나는 무엇을 해 줄 수 있을까요? 그런데 이렇게 돈으로 환산할 수 없는 내 아이를 우린 돈으로 키우려고 애쓰고 있는 것은 아닐까요?
　세상 그 무엇과도 비교할 수 없는 귀함을 등수, 우열, 비교, 회유, 협박, 회피 등의 불편한 상황 속에 부모인 우리가 집어넣고 있는 것은 아닐까요?
　소중하고 귀함이 너무 당연해서 그것을 너무 당연하게 생각하고 지내는 것은 아닐까요? 혹시 우리 아이들은 자신이 어른보다 작기에, 또 어른을 설득하는 표현을 배우지 못하고 다만 나의 부모가 주는 것이 최고이고 최선인 것으로 생각해서 참고 견디고 애쓰고 있는 것은 아닐까요?

요즘 부모님들 이 정도쯤은 누구나 알고 계십니다. 하지만 그 앎을 아이에게 유용하게 사용하고 계신 부모님들은 극소수입니다. 무엇 때문일까요?

아이들에게 잠이란 무엇일까요?

〈어떤 집 1〉

오늘도 어김없이 징징거리는 아이의 울음소리가 시작된다. '아, 또 시작이구나.' 이 지긋지긋한 일상에서 벗어나고 싶다. 단 한 번이라도 그냥 자주면 안 되겠니? 아무리 말해 보아도 오늘도 어제와 똑같이 징징거리는 소리가 내 귀에 꽂힌다.

나만 못난 엄마 같다. 아이 하나 제대로 재우지도 못하는 내가 무슨 엄마란 말인가? 라는 자괴감마저 어제랑 똑같다.

'재우지도 못하는 엄마는 먹지도 말아야지'라고 생각하지만, 배꼽 시계는 꼬르륵 소리로 시간을 알려준다. 그리고 보니 점심도 먹는 둥 마는 둥, 저녁은 아이 씻기고 나서 대충 먹었으니 당연히 배가 고프다. 잠이라도 선선히 자주면 배도 채우고 밀린 설거지, 빨래, 청소도 좀 하련만 우리 아이는 벌써 몇 시간 째 잠을 자는 것도 아니고 안 자는 것도 아닌 상태로 나의 속이란 속은 다 뒤집어 놓고 있다.

〈어떤 집 2〉

둘째를 재우고 나온 사이 큰아이는 거실 구석에 엎드려 침까지 바닥에 흘리며 잠들어 있다. 그 모습을 보니 오만가지 감정이 왔다 갔다 한다. 엄마 힘들까 봐 내색도 안 하고 잠들었구나. 동생 보더니 철들었네. 아이고, 너도 아이인데 졸린다는 말도 못 하고 잠들게 해서 정말 미안해. 엄마가 몸이 두 개라면 정말 좋겠다. 손오공의 분신술까지 부러워하게 만드는 엄마의 미안한 마음은 좀처럼 수그러들지 않는다. '미안해'가 꼬리처럼 따라다닌다.

〈어떤 집 3〉

"아 제발 잠 좀 자! 졸리면 그냥 자! 왜 날이면 날마다 이렇게 힘들게 하는 건데! 알레르기가 무슨 벼슬이야? 남들은 아무거나 먹고 낳아도 아토피 하나 없는데 나는 전생에 나라를 팔아먹었나? 왜 얘는 이렇게 생겨서 밤이면 밤마다 나를 힘들게 하는 거야."라며 애도 울고 엄마도 울며 밤마다 반복되는 잠자기 시간.

〈어떤 집 4〉

우리 아이는 베개랑 이불을 펴면 잠자는 시간인 줄 알고 불을 끄라고 말하는 천사다. 이런 천사에게 더 좋은 베드 타임 스토리는 없을까?

〈어떤 집 5〉

우리 아이는 책을 읽어주면 호기심이 더욱 발동하여 질문이 그치지 않는다. 책을 읽어주며 재우려는 것인지 호기심을 자극해 날밤을 꼬박 지새우려는 것인지 엄마조차도 모르겠다. 일하는 엄마라 아이와 많은 시간 함께하지 못하니 책이라도 충분히 읽어주고 싶지만, 내일 출근 시간이 점점 다가온다. 호기심을 충족시켜 주면서도 읽고 있으면 아이가 잠드는 데 도움 되는 그런 책이 있다면 정말 좋겠다.

〈어떤 집 6〉

모두가 잠든 깊은 밤. 어디선가 작은 불빛이 비친다. 아이 혼자 휴대폰을 보고 있다. 그 휴대폰 빛이 아이의 눈을 어떻게 만들지 정말 걱정이 된다.

'아이 잠 연구소'에서는 '잠은 다른 세계로의 여행'이라는 말을 만들어 보았습니다. 매번 다른 세계로 여행을 떠나야 한다면 과연 잠이 반갑기만 할까요?

아이에게 잠이란 무엇일까요? 엄마에게 아이가 자는 것은 어떤 의미일까? 왜 엄마들은 아이가 잘 때 가장 예쁘고 사랑스럽게 보이고, 또 미안함 등의 오만가지 감정을 가지게 되는 것일까요? 집마다, 아이마다, 엄마마다 나름대로 이유가 있을 것입니다.

중요한 것은 내 아이가, 내 마음이 조금 더 편안하게 평온하게 평화적인 방법으로 잠자게 되기를 원하는 것 아닐까요.

인생의 1/3을 차지하는 잠. 아이의 잠은 더욱 깁니다. 내 아이의 잠은 또 소중합니다. 왜냐하면 내 아이니까요. 거기에 아이의 잠은 곧 나의 평화이며, 나의 해방이기도 합니다. 비록 언제 깨질지 알 수 없는 평화와 해방이라 하더라도 말입니다.

잠이 없는 아이. 눈에 잠이 한가득 들었는데 잠을 잘 수 없는 아이. 졸리면 우는 것도 아니고 말하는 것도 아니고 도대체 무슨 상태인지 알 수 없이 징징만 되풀이하는 아이. 그냥 언제 잠드는지 알 수 없이 잠들어 있는 아이. 졸리면 일부러 사소한 일에 꼬투리 잡아서 엄마를 돌게 만드는 아이. 잠이 오면 이리저리 다니다가 괜히 넘어져서 여기저기 다치는 아이. 졸리면 그냥 이유 없이 울기만 하는 아이. 알레르기나 아토피를 가지고 있어 잠자기가 더욱 힘든 아이. 엄마 손대신 휴대폰을 손에 쥐고 잠든 아이.

모든 아이는 평온하게 잠들 자유가 있습니다. 하지만 어떻게 해야 아이도 엄마도 평화적으로 잘 수 있는지 그 방법을 알고 있는 엄마는 많지 않습니다. 평화로운 방법을 알려주는 곳도 찾을 수가 없습니다.

그래도 어찌어찌하다 보니 이렇게 하면 저렇게 하면 잠을 자더라 하는 방법을 가지고 있는 분들은 그나마 고민과 시도를 해보신 분들입니다. 하지만 하루도 단 하루도 빠지지 않고 찾아오는 잠자는 시간, 아이들의 잠투정 문제는 끝나지 않습니다.

다짐하고 다짐해도 역시 잠에서 무너진다.

'오늘은 아이가 잠을 안 자도, 징징거려도 잘 재워봐야지' 하는 마음은 늘 한결같습니다. 하지만 오늘도 밀린 설거지에 밀린 빨래에 밀린 청소를 생각하니 분통이 터집니다. 거기에 더해, 키 크는 시간인데 내 아이만 안자고 저러고 있으니 키까지 안 클 것 같은 걱정이 더해져 아이를 윽박지르며, 울리며 그렇게 재워 버렸습니다.

사실 엄마들은 몹시 지겹습니다. 매일 이렇게 잘 때마다 치러야 하는 전쟁이 정말 지겹습니다. 그 전쟁에서 나도 내 아이도 모두 패배자로 만드는 '잠자기 전 전쟁'을 치른 후 자는 아이의 얼굴을 바라보고 있자니 미안하고 눈물마저 납니다.

〈잘 재워 볼 걸 하고 하는 후회는 아무리 빨리해도 늦다〉
– 잠 디자이너 최지혜 –

'이게 뭐 하는 짓인가?'라는 생각이 들지만, 아이를 평화적으로 평온하게 재울 방법이 있다는 이야기는 그 어디에서도 들어 본 적이 없습니다. 아니, 아이의 잠자는 시간에 감히 평화와 평온의 단어를 대입할 수 있는지 상상도 할 수 없는 일입니다.

그러다가 언제 잠들었는지도 모르게 잠든 아이를 보면 미안함이 배로 커져서 내 마음이 아픕니다. 이렇게 미안한 마음이 들 땐 내 아이에게 해줄 수 있는 것이 있다면 하늘의 별도 따다 주고 싶은 마음이 부모 마음 아닐까요?

그런 엄마의 간절한 마음에 대한 응답인 '평온하게 재울 수 있는 저절로 잠드는 동화책'은 멀리 있는 하늘의 별과 달리 아주 가까이에 있습니다. 이 책은, 그냥 엄마가 누워 있는 아이 옆에서 소리 내어 읽기만 하면 됩니다. 이 동화책은, 책을 읽는 자신의 소리에 엄마가 먼저 잠들 수 있을 정도로 강력한 효과가 있습니다.

이 '저절로 잠드는 동화'를 읽어주면 놀라울 정도로 단번에 잠드는 아이도 있고, 조금 시간이 더 걸리지만 역시 곧 잠이 드는 아이도 있습니다.

이 '저잠동(저절로 잠드는 동화)'을 읽어주면 평소 엄마가 말하던 어투와 같지 않아서 이상하게 느끼는 아이도 있습니다.

하지만 그런 아이들도 모두 몇 분의 차이가 있을 뿐 평온하게 잠을 자게 됩니다. 그리고 매일 비슷한 과정이 반복되면 아이들의 반응은 더 빨라지고 익숙해져서, 대부분은 의식하지도 못한 채 엄마의 목소리에 따라 짧은 시간 안에 깊고 평온하고 평화로운 잠을 잘 수 있게 됩니다.

다음 항목에 하나 이상 해당하는 분들은 더욱 저절로 잠드는 동화와 친하게 지내시기를 부탁드립니다. 저절로 잠드는 동화가 무엇인지 궁금하십니까? '네'라고 답하신 분들은 이미 성공의 씨앗이 싹트고 계십니다. 다음 질문에 몇 개가 해당하는지 점검해 보세요.

1. 아이에게 소리를 자주 지른다. (하루 1회 이상)

2. 아이가 내 말을 따르지 않을 때 화가 난다.

3. 다른 아이와 내 아이를 비교하고 있다.

4. 나는 싫어하는 곤충이나 동물이 하나 이상 있다.

5. 나는 가끔 또는 자주 우울하다.

6. 나는 아이와 함께 하는 놀이나 학습이 즐겁지 않다.

7. 나는 아이를 때린 적이 있다.

8. 나는 아이가 빨리 자랐으면, 빨리 잠들었으면 좋겠다.

9. 나는 아이가 울 때 "뚝 그쳐!"라는 말을 한 적이 있다.

10. 나는 아이에게 위험하지 않은 일에도 "하지 마."라는 말을 자주 한다.

위의 질문에 하나 이상 해당하시는 분은 '저잠동' 시리즈와 친하게 지내시기를 권해드립니다. 저잠동 시리즈와 언제까지 친해야 할까요?

듣거나 읽게 된 분들은 잠을 잘 잡니다. 그리고 기분 좋은 차분함이 생깁니다. 이외에 다양한 효과가 있지만 두 가지 정도로만 축약하겠습니다. 더 다양한 효과가 궁금하신 분은 네이버 카페 아이잠연구소에서 확인할 수 있습니다.

저잠동 시리즈는 누가 읽어야 할까요? 남녀노소 모두 해당합니다. 저자는 특히 아이 키우시는 엄마들이 읽기를 권장합니다. 저잠동 시리즈는 언제부터 읽어야 할까요? 가장 이상적인 시기는 '지금'입니다.

그리고 아이가 어린 엄마들일수록 이 시리즈와 더욱 잘 친해질 수 있습니다. 예비 엄마일 때부터 친하게 지내시면, 아이가 태어난 후에 훨씬 편안할 수 있습니다.

- 아이 재우기가 힘들어서 둘째 낳기가 무서운 엄마의 마음을 편안하게 해주는 동화책
- 아이의 잠투정이 호랑이보다 더 무서운 엄마들에게 안심을 주는 동화책
- 아이가 아프거나 알레르기로 고생할 때 아이도 엄마도 편안하게 만들어 주는 동화책
- 내 아이를 위한 동화책
- 읽어만 주면 누구든 잠재울 수 있는 동화책
- 엄마 목소리로 녹음해서 들려주는 방법으로 잠재워 주는 엄마를 복제할 수 있는 동화책
- 아무리 까칠한 아이도 5분 안에 잠들게 하는 동화책
- 전생에 나라를 팔아먹어 육아가 이리 힘들다고 생각하시는 모든 엄마에게 희망이 되는 동화책

건물을 도깨비방망이로 뚝딱 바꾸던 한 여자

짧은 기간 동안 직속 상사와 일한 후 직속 상사가 없던 나는 대표님의 지시에 의해 도면 수정을 하게 되었습니다. 지시가 떨어지면 한 시간은 족히 걸리는 일들을 길면 15분 짧으면 5분 후에 "수정 다 했

냐?"라고 물어 오시는 대표님의 목소리는 어린 저에게 공포였습니다.

그 말씀이 떨어지면 잘 되던 도면도 서툴게 되고 식은땀이 나고, 지금이야 웃으면서 글을 쓸 수 있지만, 그때는 정말 돌아버릴 것 같았습니다. 사람은 적응의 동물입니다.

그러면서도 날이 갈수록 대표님의 요구 속도에 맞추어 나의 도면 수정 속도는 빨라졌고 여러 가지 일도 빨리 처리하는 노하우를 터득하게 됩니다. 대표님의 직속 라인이었던 탓에 하지 않아도 될 일들까지 덤으로 하게 되는 일들이 많아졌습니다.

처음 접하는 일은 잘 알지도 못했고, 막막했던 적이 한두 번이 아니었겠죠? 그러다 보니 당연히 대표님 눈에도 들지 않았습니다. 대표님께서는 "이것밖에 안 되냐?, 이것밖에 못 하냐?" 아주 부드럽게 말씀하셨지만, 나의 얼굴은 홍당무처럼 발개지고 쥐구멍에라도 들어가고 싶었던 적도 한두 번이 아니었습니다.

쥐구멍도 찾다 못 찾게 되니, 결국엔 일이 될 방법들을 생각하게 되었습니다. 방법들을 찾다 보니 어느 날은 "잘했다."라는 칭찬을 받기도 하며 다양한 경험치를 쌓은 것 같습니다.

"이것밖에 안 되냐?"라는 단계가 해결되니 이번엔 부드럽게 "같은 값에 더 좋은 것은 없냐?"라고 물어 오셨습니다. 휴, 같은 값에 더 좋은 것을 찾고 또 찾다 보니 점점 보는 안목도 탁월하게 되었습니다. 가끔은 "사장님! 그건 안 됩니다."라고 직접 말씀드리는 경우도 있었습니다. 마음속으로 '안 되는 걸 안 된다고 말씀드렸으니 인정하시겠지?'라고 좋아하면서 말입니다.

하지만 한 회사의 대표는 뭔가 다른 한끝이 있었습니다. 나의 안 된다는 말씀에 한 3초 생각하신 후 "누가 안 되는 것 몰라서 그러냐. 되는 방법을 찾아와!" '안 되는 것을 안 된다고 말씀드렸는데 되는 방법을 찾아오라고?'

그 후 어떻게 되었을까요? 안 된다는 생각은 생각일 뿐 찾다 보면 되는 방법들이 정말 생겼습니다.

직속 상사가 없어 막막하고 많이 외롭기도 했지만, 행운이었던 점은 대표의 눈으로 '더 빨리, 제일 나은 방법으로, 안되면 되게, 같은 값이면 사람 마음을 움직이게'라는 대표 마인드를 사회 초년생 시절에 직접 배울 수 있었고 그것은 나에게 정말 값진 기회였습니다.

대표 마인드로 장전된 열정 넘치던 시절의 나는 같이 일하는 분들에게도 똑같이 말씀드렸습니다. 종합 예술을 하는 건축이지만 단순한 것을 좋아하는 곳이기도 합니다.

시공 업체에 나의 요구 사항을 말씀드리면, 대부분 '그건 안 된다, 힘들다'는 말부터 듣습니다. "사장님 안 되는 것 저도 알고 사장님도 아는 상황입니다. 상황은 바뀌지 않는 것도 압니다. 하지만 어쩌고저쩌고……." 많은 대화와 시도들을 통해서 나는 늘 되는 방향으로 생각하고 행동했습니다.

왜냐하면 나는 안 되는 걸 배우지 못했기 때문이었습니다. 나는 되는 분하고만 일할 수밖에 없었습니다. 되기 때문에 건물을 도깨비방망이처럼 뚝딱 바꿀 수 있었는지도 모릅니다.

남들은 다 불가능하다던 공사 기간, 공사 금액, 건축주의 요구 사항이 모두 해결되던 도깨비보다 더 무섭던 그 여자

결혼 생활 10년이 넘어가는 지금도 가끔 남편이 하는 이야기가 있습니다. "지금도 생생해. 만나는 업체 사장님마다 '아이고! 누가 최 실장 데려가나 했더니....... 아이고! 누가 싸난 최 실장 데려가나 했더니만.......' 내가 그때 그분들 눈빛을 잊을 수가 없다."

"사장님 안 되는 것 사장님도 알고 저도 알고 있습니다. 안 되는 이유 말고 되는 방법을 찾아보시게요.", "아! 다른 현장들은 이렇게 일 안 해요. 안 되면 안 되는 것이지 무슨 방법을 찾아요?"라고 말씀하시는 분들과는 처음이자 마지막으로 인연을 맺었습니다.

"아~, 실장님 의견에 이걸 더하면 되겠네요."라고 한 번이라도 생각하시는 분들과는 10년 이상 인연을 맺고 있습니다. 혹시 눈치채셨습니까? 같은 현상 같은 조건에서 어떤 분은 안 되고, 어떤 분은 가능하고의 차이점이 보이십니까? 그 차이점은 바로 열린 마음입니다.

'안 된다.' 하고 마음을 닫아 버리면 될 가능성도 문을 닫게 됩니다. '아~ 그럴 수도 있겠구나!'라고 간단한 마음의 전환만 있으면 안 되는 일도 되게 만들 수 있는 것이 사람 마음입니다.

그래서 나는 여자가 힘들다는 리모델링 일을 힘 안 들이고 할 수 있습니다. 그 비법은 나보다 더 뛰어난 분들과 함께 일하기 때문입니다. 아무리 뛰어난 도면이 있어도 실물로 만들어 주시는 분이 실력이 안 되면 도면은 종이 휴지입니다.

급박하게 변하는 마음을 가진 건축주를 만나면 도면 그릴 시간이 많지 않습니다. 현장에서 바로 이루어져야 하는 상황이 많습니다. 그럴 때마다 나보다 더 뛰어난 협력 업체 사장님들이 기지와 재치를 발휘해 주시고, 그 결과물들은 정말 사랑스럽습니다.

　내가 잘하는 것은 딱 하나였습니다. 굽이굽이 고비가 올 때마다 그분의 처지에서 생각하는 힘, 그것 딱 하나만 내가 잘한다고 인정하는 점이었습니다.

　건축주 처지에서 생각하고 협력업체 입장에서 고려하고 제일 나중에 나의 마음을 합해서 결과물들을 만들어 놓았습니다. "사모님, 저는 돈 받으면서 고맙다는 말씀까지 들으며 일하니 참 좋은 직업인 것 같아요."라고 말씀드리면 역으로 "이 적은 공사대금으로 일해 주셔서 정말 감사해요." "실장님 덕분에 제날짜에 이사 들어왔어요." "요구 사항 많은 저 만나서 고생 많으셨어요." 등의 이야기를 들으며 보람차게 리모델링 일을 하였습니다.

　자신의 불안, 의심 등의 감정들을 투사하여 나를 힘들게 하는 사람도 종종 만났지만, 그들의 투사가 무엇 때문인지 짐작할 수 있기에 큰 어려움은 없었습니다.

마음 리모델링 2.

도깨비 아니 도깨비 할아비가 와도 해결할 수 없는 아이와 만난 한 여자

일은 아무리 힘들어도 어떤 과제를 쥐도 그것들을 고민하고 해결하는 재미가 솔솔 합니다. 고민하고 해결점을 찾다 보면 늘 과제가 풀려 있었으니까요.

그런데 아이는 완전 다른 문제였습니다. 지금도 육아를 처음 시작했을 때를 생각하면 그 아득한 느낌이 되살아납니다. 생후 3일 된 아이를 집으로 데려온 후, 옆에 누인 아이를 보고 있자니 너무 막막해서 눈물만 나왔습니다.

이 조그만 아이를 내가 어떻게 키우지? 내가 키울 수 있을까? 호르몬의 영향으로 흘리는 것으로 생각하기엔 너무 많은 눈물이었습니다. 정말 아득하고 막막했던.......

책에서는 신생아는 20시간 이상을 잔다고 나와 있었습니다. 그런데 우리 집 아이의 평균 수면 시간은 13~15시간이었습니다. 어디에도 신생아가 13~15시간 잔다는 내용은 찾을 수 없었습니다.

그래서 내 아이가 문제가 있나? 젖이 부족한가? 싶어 지인에게 젖동냥해서 젖을 먹여도 아이는 정말 잠이 없었습니다. 자라는 잠은 안 자고 백일 때 10kg의 울트라 우량아로만 자랐습니다. 그리고 그 아이의 엄마는 빼빼 말라 갔습니다.

육아는 생산적인 요소가 단 한 곳도 없습니다. 기저귀 갈고 나면 젖 먹이고, 젖 먹이면 안고 다니고, 안고 다니다 팔 아파서 잠시 내려놓으면 난리가 나서 다시 안고, 그러다 업고 다니다 보면 다시 기저귀 갈아야 하고, 다시 젖 먹이고 다시 또다시 반복되는 고된 노동만이 기다리는 곳이 육아였습니다.

고된 노동은 하면 되고, 몸은 조금 아프면 되지만 한 품에 들어오는 작은 생명체가 내 책임이라는 사실이 정말 감당하기 무거운 힘든 현실이었습니다.

아이에게 무엇을 해주어도 잘하는지 잘 못 하는 건 아닌지 언제나 노심초사였던 마음이 노동보다 더 힘들었습니다. 며칠이면 건물이 뚝딱 변하게 하는 도깨비방망이를 휘두르던 여자에게 육아는 어땠을까요?

건물은 공사 기간이라도 정해져 있지만, 육아는 언제까지 해야 하는지 머리로도 마음으로도 알 수 없었습니다. 그래서 가슴은 더욱 답답했습니다. 일할 때는 하루가 한 시간처럼 지나가는데, 아이와 지내는 시간은 1초가 하루 같았습니다.

무엇 때문에 아이는 최선을 다해 울까요?

무엇 때문에 아이는 하지 말라는 짓만 골라서 할까요?

무엇 때문에 아이는 본능을 다해 까칠할까요?

무엇 때문에 아이는 최고로 엄마 마음을 힘들게 할까요?

무엇 때문에 아이는 최선을 다해 무능해질까요?

무엇 때문에 아이는 정점을 찍으며 얌전할까요?

무엇 때문에 아이는 빛의 속도로 산만할 수 있을까요?

도깨비보다 더 신출귀몰하고 신과도 비교할 수 없는 역대 최고 스펙터클 아이를 키우는 한 여자

잠이 없는 아이라도 걷기 전까지 그래도 괜찮았습니다. 그러나 걷기 시작하면서 우리 집에 아이가 10명쯤 있는 것처럼 느껴졌습니다. 분 단위 아니 초 단위로 움직이는 아이를 아무것도 안 하고 눈으로 지켜보는 것만도 그냥 막 다 힘들었습니다. 그냥 힘들었습니다.

엄마들이라면 '그냥 힘들다'는 게 무슨 이야긴지 말하지 않아도 공감할 수 있는 힘듦이 날이 갈수록 더욱 커지기 시작했습니다. 그리고 아이가 배 속에 있으면서 읽었던 책들을 보고, 태어나지도 않은 아이를 생각하며 원대한 꿈을 키웁니다. 바로 '영재'의 꿈이었습니다.

'아, 책대로 영재를 만든 선배들을 따라 하면 내 아이도 영재가 되겠구나. 이왕 크는 아이 영재로 키워야지. 암만.' 하루에도 몇 번씩 관련 사이트를 오가며 '내 아이'가 아닌 '영재'에 꽂혀서 지내게 되었습니다.

생후 6개월부터 낱말 카드를 벽에 붙여 놓고 읽어 주거나 단어 연결을 하며 이야기를 만들어 들려주었습니다. 그 원대한 꿈은 아이가 걷기 시작하면서 점점 무너져 내렸습니다.

우리 아이는 소위 '바다의 시기'도 몰입하는 품목도 아무것도 없었습니다. 2초 단위로 움직이고 3분 단위로 놀이의 형태가 바뀌었습니다. 영재에게 중요하다는 그 '바다의 시기'라도 왔으면 덜 힘들었을까요? 한 가지에 몰입이라도 했으면 조금 덜 힘들었을까요?

아이 키우는 것이 정말 하나도 즐겁지 않았습니다. 육아의 즐거움? 그런 단어는 나에겐 없는 단어였습니다. 글로 표현하니 이렇게라도 우아하게 표현하고 있지, 내 생각대로 움직이지 않는 아이를 이해할 수 없었습니다.

나도 29개월에 한글을 줄줄 읽게 하리라 세웠던 원대한 꿈은 물거품이 됩니다. 우리 아이는 영재 사이트에 자랑할 만한 영재성도 없었습니다. 상위 0.1%의 영재는 무슨 영재입니까? 하지 말라는 짓만 골라서 하며 자기주장이 엄청나게 큰애였습니다. 나는 아이와의 사소한 말다툼에서조차 이겨 본 적이 없습니다.

그 조그만 입에서 말은 어찌나 앞뒤 문맥에 맞게 조리 있게 잘하는지요. 그럴 때마다 '영재도 아닌 것이 말만 잘하네', 몇 초 단위로 새로운 놀이 규칙을 만들어서 같이 놀자는 아이를 보면서 '영재도 아닌 것이 이런 것은 잘 만드네'라고 생각했습니다.

아이랑 놀기가 세상에서 제일 힘든 나에게 몇 분 단위로 놀자고 하는 아이를 보면서 '그 열정으로 상위 0.1% 영재나 되지. 영재라면 기쁜 마음으로 할 텐데. 상위 0.1% 영재도 아닌 것이. 잠만 없었으면 다행이었을 텐데. 잠 안 자는 그 시간에 힘이 넘치네.'라는 생각을 했습니다. 아이에게 끌려다니는 기분이 들었습니다. 잠 없는 그 시간에 놀자고 하는 품목은 왜 그리 또 많았는지요.

혹시 느끼셨습니까? 그때의 아이는 저런 모습이 자연스럽습니다. 잠이 많은 것도 아이는 아무 문제가 없었습니다. 오히려 자연스러운 아이를 자연스럽다고 생각하지 못한 마음이 아픈 엄마가 문제였던 것이었습니다.

'잠이 없다'는 그 기준도 아이의 엄마가 만들어 놓고, 아이도 자기도 힘들게 하는 모습 보이십니까? 내 아이의 고유성은 단 하나도 중시하지 않으면서 다른 집 영재들만 바라보고 있는 그 엄마의 모습도 보입니다.

감히 도깨비는 명함도 내밀 수 없는 아이를 만나서, 아이가 저절로 잠드는 동화를 만들 수밖에 없었던 한 여자

큰아이가 3살이 넘어가던 어느 날 '이렇게 이 아이랑 살다가는 내가 죽던지 이 아이가 죽던지 누군가는 죽어야 결판이 나는 싸움이겠구나.'라는 생각이 들었습니다.

'아이는 죽일 수 없으니, 아이를 내 뜻대로 할 수 없어 힘든 나의 마음을 죽여야겠구나!'라는 생각도 하게 되었습니다. 그리고 얼마 후 내 모습이 보이기 시작했습니다.

아이가 깨어 있으면 미치도록 졸려서 잠을 자야 하는 나의 모습, 아이가 잠이 들면 잠 깨는 주사라도 맞은 것처럼 정신이 또렷해지며 맑은 정신이 들어오는 나의 모습, 아이가 혼자 놀고 있으면 들어가서 놀이에 개입했다가 아이가 다른 방식으로 놀자고 하면 죽기보다 싫었던 나의 모습, 아이들이 놀고 있으면 최대한 멀리 떨어져 앉아서 가까이 가지 않는 나의 모습, 아이의 울음엔 뜻이 있다는 사실을 알고 있지만, 그 울음이 미치도록 힘들었던 나의 모습, 아이가 줄줄 흘리고 다니며 먹는 모습에 미친 사람처럼 변하는 나의 모습, 시체 놀이라도 하는 것처럼 방바닥과 혼연일체가 되어 있는 나의 무기력한 모습 등이 보이기 시작했습니다.

나의 모습이 보이기 시작하니 아이와 나의 마음 상태를 분리할 수 있는 스토리를 만들 수 있었습니다. 아마 다년간 스토리텔링 디자이너였던 나인지라 그 스토리를 만드는 것은 그다지 어렵지 않았던 것인지도 모르겠습니다.

아이가 밖에 나가기 싫어할 때, 그것에 맞게 아이를 이해할 수 있는 스토리를 만들었습니다. '자기는 작고 밖의 건물이나 나무는 상대적으로 너무 크니까 아이 느낌엔 자기가 거인 나라에 간 것 같을 수 있겠다. 나라도 거인 나라에 있는 기분이 들면 밖이 싫을 것 같네.'

아주 작은 양파를 귀신처럼 골라내는 아이를 보면서, '우리 아이 입에는 양파 센서가 달려 있구나. 센서가 달려서 벨이 울리는데 어떻게 먹을 수 있겠어.'

조금도 가만히 있지 않고 2초 단위로 움직이는 아이를 보면서, '우리 아이 몰입 시간은 2초구나. 남들은 2년 동안 하는 몰입이 우리 아이는 2초 안에 해결이 되는구나.'

롤 휴지를 풀어서 새 둥지를 만들어 놓으면, '장난감의 1/10 가격도 안 되는 재료로 새 둥지도 잘 만드네.' 등의 스토리를 만들어 내 마음이라도 편하게 해보았습니다.

멋진 엄마 같아 보이지 않습니까? 그렇지만 어떻게 보면 철저하게 이기적인 엄마의 모습이기도 합니다. 그런 스토리가 없으면 그 엄마는 살 수 없었으니까요.

나에게 행복은 일반적인 행복이 아니었습니다. 나에게 행복은 아이에게 고함을 한 번이라도 덜 지르는 것이 행복이었습니다. 나에게 기쁨은 슬프지 않은 것이 기쁨이었습니다. 나에게 즐거움은 아이에게 화내지 않고 넘어가는 것이 즐거움이었습니다.

그런 시간이 한참 흐른 후에 깨닫게 됩니다. 도깨비 엄마에게서는 영재가 나올 수 없다는 깨달음이었습니다. 엄마가 도깨비라서 아이는 엄마를 사람 만드는 것에 에너지를 쓰고 있기에 자기를 위한 에너지를 쓸 수가 없었을지도 모른다는 스토리도 만들어 보았습니다.

그리고 시간이 흘러 또 깨닫게 됩니다. 우리 집 아이는 도깨비 엄마를 사람으로 만들 수 있는 도깨비 엄마의 유일한 영재, 천재였음을 말입니다. 이건 단지 내가 만든 '스토리'인 것만은 아니었습니다.

한 육아 사이트의 운영자가 말씀하시던 한 문장, '아이의 눈빛을 보세요.' 수많은 시행착오를 겪으면서 그 문장의 뜻을 깨닫게 되었습니다. '아이의 눈빛'은 '바로 지금 여기'였습니다.

아이가 태어나면 그때 아이의 눈빛을 보지 못합니다. 그 눈빛 대신 '언제 목을 가누지?'라는 생각이 와서 아이와 함께 보내야 할 소중한 '지금'을 덮어 버립니다. 아이가 목을 가누면 '언제 뒤집어지지?'라는 생각이 와서 지금을 덮어 버립니다. 아이가 뒤집어지면 '언제 기지?'라는 생각이 와서 지금을 덮어 버립니다. 아이가 기게 되면 '언제 걷지?'라는 생각이 와서 또 지금을 덮어 버립니다.

거기에 한술 더 떠서 '다른 집 아이는 우리 아이보다 일주일 전에 뒤집어지더만, 다른 집 아이는 돌 전에 걷더구먼.' 하면서 또 애써 '지금'에서 벗어납니다. '아이의 눈빛을 보세요.'란 말은 우리 아이가 있어야 할 곳에 다른 집 아이까지 데려다 놓고 우리 아이를 끊임없이 비교하지 말라는 말씀임을 깨닫게 되었습니다.

우리가 하는 육아 대부분이 지금을 보지 못하고 미래의 어떤 아이를 하나 만들어 놓고, 있지도 않은 아이에게 내 아이를 수없이 대입하면서 나도 아이도 괴롭게 만든다는 사실을 알게 되었습니다.

〈육아는 기다림이 아니다. 진정한 육아는 내 아이와 함께 '지금'에 머물 수 있는 것이다〉 – 언어 명상전문가 최지혜

우리 엄마들은 고통받지 않아도 됩니다. 우리 엄마들은 슬픔 받지 않아도 됩니다. 우리 엄마들은 힘들지 않아도 됩니다. 왜냐하면 엄마란 고통도 슬픔도 힘듦도 받지 않을 수 있는 상태이기 때문입니다.

다만 그러한 상태를 보기만 하면 됩니다. 아주 간단합니다. 하지만 쉽진 않습니다. 간단한데 쉽진 않은 그것이 무엇일까요? 그 시작은 저 잠동을 소리 내어 읽는 것입니다.

육아서와 심리서를 읽으면 공통점이 있었습니다. 일단 읽어야 합니다. 너무 당연한 이야기입니다. 책이니까 읽어야 합니다. 열일 하는 우리 엄마들이 바쁜 시간을 쪼개고 잠을 줄이며 책을 읽습니다. 책을 읽

는 큰 이유는 아이에게 유용할 것 같아서 일 것입니다. 역시 대단한 우리 엄마들입니다. 시간을 쪼개며 읽은 후에는 일상에 적용할 책 내용을 일단 기억해야 합니다.

기억하는 것도 힘들지만 기억한 후에 책 내용대로 실천하기는 더 어렵고 며칠 하지 않게 될 확률이 높습니다. 마음과 관련된 공부를 하면서 공사 현장처럼 바로바로 효과가 나오는 그런 책이 있으면 좋겠다는 생각을 많이 했습니다. 왜냐하면 단 한 번 성공의 경험은 다음 성공으로 안내할 확률이 높아지기 때문입니다.

〈아이는 양육자의 말, 손(스킨십), 눈빛 세 가지로 프로그램 된다〉 - 아이 잠 연구소 최지혜 -

말과 손(스킨십)은 근력을 키우는 운동처럼 단기간에 훈련하면 좋아질 수 있습니다. 눈빛은 마음이 바뀌어야 바뀌는 것이라 최소 3~4년은 소요됩니다. 나는 나를 포함한 우리 엄마들이 조금 가벼울 방법을 늘 연구했습니다. 그 방법은 엄마인 나의 마음을 연구하는 것이었습니다.

당면한 육아 과제가 늘 한가득하였던 내가 엄마들을 위하는 마음씩이나 낼 만큼 여유로웠을까요? 그래도 바쁘고 아이 재우기가 너무 힘든 어머니들을 위한 책은 없을까? 하는 고민은 오래전부터 하고 있었습니다.

아이 잠 연구소의 '저절로 잠드는 동화'는 공사 현장처럼 일 분, 십

분, 한 시간 지날 때마다 바로 효과가 나오는 책입니다. 책을 읽어 주면 아이도 누구도 재울 수 있는 효과가 바로 나옵니다. 단어 하나하나, 문장 하나하나를 그렇게 전문적으로 구성했습니다.

읽어 주면, 마치 수영장에 들어갈 때 한 발, 한발씩 들어가는 아이가 있고, 한 번에 뛰어드는 아이가 있듯이 잠으로 천천히 들어가는 아이가 있고, 쑥 들어가는 아이도 있는데 결국은 모두 들어가게 되어 있습니다.

만약 잠으로 들어가지 않는 경우가 있다면 반드시 그 원인이 있습니다. 그러면 그 원인을 찾아 해결한 후에 다시 읽어 주면 됩니다. 가령 아이가 어디가 아플 수도 있고, 뭔가 혼자 마음 쓰는 것이 있을 수도 있고, 뭔가 짜증이 나는 게 있을 수도 있습니다. 이런 것이 있을 땐 그것을 잘 없애주고, 잠재우기를 진행하면 됩니다.

효과가 약하게 나오는 경우도 있습니다. 그럴 때 적용되는 법칙이 바로 '꾸준함의 법칙'과 '반복의 법칙'입니다. 아이가 여러 가지 원인에 의해 저잠동에 대한 처음의 반응이 낮아도, 엄마가 꾸준함과 반복으로 차분하게 아이에게 계속 이야기를 들려주면 그 자체로 아이의 내면에 효과를 주게 됩니다.

단 한 번이라도 그 책을 읽어 주는 것의 전과 후는 명백히 다릅니다. 아이의 반응은 점점 더 좋아지게 되어 있습니다. 이것은 마치 망치로 못을 때릴 때, 매번 때릴 때마다 더 깊이 들어가는 것과 같습니다. 엄마의 인내와 꾸준함과 반복이 아이에게 편안한 잠을 선물할 수 있습니다. 편안한 잠 선물은 엄마에게 편안함으로 돌아옵니다.

내가 바뀌지 않으면 아무것도 바뀌지 않는다.

육아 초기에는 아이를 보며 '너는 왜 그렇게 안자니. 너는 왜 자랑할 만한 상위 0.1% 영재가 아니니. 너는 왜 그렇게 까칠하니. 너는, 너는, 너는.... 너 때문에 힘들다. 너무 힘들어서 자다가 딱 숨이 멈춰 버렸으면 좋겠다.'는 생각을 참 많이 했습니다.

혹시 육아가 힘드십니까? 그렇다면 힘들지 않을 방법 모색하기 전에 먼저 '그 힘듦의 끝이 있을까?'라고 한 번 생각해 보시기 바랍니다.

유감스럽게도 그런 '끝'은 없습니다. 이렇게 말씀드리면, '아, 이렇게 힘듦의 끝이 없다고 단정해서 말하다니. 그러면 절망으로 힘든 마음이 더 힘들어지는 걸 모르는 걸까?'라고 생각하실 것입니다. 하지만 제가 그런 말을 하려고 책을 쓸 리는 없습니다. 그럼 왜 힘듦의 끝이 없다고 했을까요?

애초에 '힘듦'이라는 것 자체가 없기 때문입니다. 그러니 끝날 것도 없습니다. 오직 힘들다는 마음만 있을 뿐입니다. 네, 그렇습니다. 바로 '아, 힘들다.'라고 하는 그 마음, 그것이 있는 것입니다. 그래서 나는 마음 리모델링을 생각하게 되었습니다.

'너, 너, 너 때문에'의 관점을 '나, 나, 나 때문'이라고 모음 하나 바꾸고 나니, 육아에 국한되었던 힘든 마음이 세상 모든 것에 대해 힘듦으로 확장 적용되기 시작했습니다. 뚝딱 안 힘들게 하는 방법이라더니 더 힘들어진 이야기를 꺼내는 이유는 무엇일까요?

마음이 좋아지려면 여러 가지 형태로 저항이 옵니다. 그 저항감이 떼로 몰려올 수도 있고, 강력한 불안, 두려움, 힘듦, 고통, 슬픔, 무기력, 무시 등으로 올 수도 있습니다.

우리가 운동할 때 근육이 안 아프면서 근육이 생기면 좋은데, 하지 않던 운동을 하면 당연히 근육통이 오고 그것을 견디어 내면서 근육이 단련되고 몸이 더 건강해집니다. 마음의 단련도 근육의 단련과 비슷합니다.

그리고 근육이 그렇듯이 마음도 아픔을 알고 잘 대응해 주면 저항의 기간도 단기간으로 축소할 수 있습니다. 힘들게 하는 관점을 내 마음 상태로 바라보기 시작하니, 힘듦의 강도가 점점 내려갔습니다.

알지, 알아. 그렇지만 안 되는 걸 나보고 어쩌라고?

과거의 나는 육아서, 심리서를 읽으면 특히 육아서의 경우 99%에 가까운 무시가 있었습니다. 괜찮은 심리서를 보면 질투가 끓어올라서 한참을 힘들어야 했습니다. 부러우면 지는 것이 아닙니다. 능력 없는 자는 부러움도 없습니다. 부러움의 강도는 내가 가진 잠재능력에 비례합니다.

아이 키우면서 힘든 부분, 괴로운 부분을 알지만 잘하려 해도 안 됩니다. 정말 안 됩니다. 강연을 듣고 나면 기분만 울컥하고 뒤돌아서면 제자리이고 나만 못난 것 같아서 아주 오랜 시간 동안 괴로웠습니다. 그런데 어머님들! 그 고통이 없으면 변화도 없습니다. 괴로운 만큼 큰 행복과 보람을 느끼실 수 있습니다. 그것도 반드시.

　다만 제대로 된 안내자가 있다는 전제하에서 말입니다. 나는 꿈이 있었습니다. 말로 사람 마음을 선 기능으로 바꿀 수 있는 책을 쓰는 것이었습니다. 아직도 생생합니다. 말로 사람 마음을 바꾸는 그런 책이 쓰고 싶다는 말을 나를 상담하는 분에게 이야기했던 적이 있습니다. 그 말이 끝나기도 전에 그 상담사는 내 말을 일축하며 이렇게 말합니다. "그런 책 이미 많은데요. 그런 책 많아요." 나는 "아, 네"라는 말 외에는 아무 말도 할 수 없었습니다. 그래서 그 상담사와는 인연을 끊었습니다. 내담자가 그 문제로 얼마나 괴로워할지 모르고 앞서와 같은 두 문장으로 마음을 완전히 짓밟아 버리는 상담사는 더 진행해도 희망이 없다는 결론을 내렸기 때문입니다.

　나는 어머니들께 헛된 희망이나 안 되는 것이 된다는 말씀을 드리는 것이 아닙니다. 안되는지 되는지 행동하고 실천할 거리를 제공하는 도구를 드리는 것입니다.

　도구를 사용할지 안 할지는 여러분 각자의 몫입니다. "안 되는 것을 안 된다고 말하는 데 뭘 더 하라는 거지? 안된다고요. 안 된다는 말 아직 못 들었어요?"라고 말씀하시는 분도 계셨습니다. 제가 여러분께 드릴 말은 다음과 같습니다. "안 된다는 말에 '안 된다.' 말해 주세요."

안 되는 걸 되게 하는 방법

당신은 진심으로 아이와 행복하기를 바랍니까? 네.

정말 당신은 진심으로 아이와 행복하기를 바랍니까? 네.

다시 묻겠습니다. 당신은 진심으로 아이와 행복하기를 바랍니까? 네.

반복되는 질문에서 '네'라고 대답하셨다면, 오늘부터 마음이 허락하는 만큼만 '저잠동'을 '그냥 아이에게 읽어 주세요.'

사람들 문제 대부분은 무엇을 미치도록 원하고, 진심으로 원하는 것이 있을 때 '원하기만' 한다는 점입니다. 더욱 문제는, 그렇게 원하기만 하면 실현 가능성이 작아지고, 가능성이 작아지니 괴롭게 된다는 것입니다.

이 악순환의 고리를 끊고 싶으십니까? 그것의 답은 '안 되면서 하기', '괴로우면서 하기', '불안하면서 하기', '미안하면서 하기', '슬프면서 하기', '기쁘면서 하기', '행복하면서 하기', '감사하면서 하기'입니다. 바로 '행동'입니다.

대부분 사람은 안 되면서 안 합니다. 안되니까 또 안 합니다. 안 되니까 안 되는 신념을 만듭니다. 안 되어서 만들어진 신념을 굳건하게 믿으며 반석 위에 '안 되는 신념'들만 올려놓습니다. 너도 안 되고 나도 안 되니 그냥 안 되는 육아에 안주하고, 내 아이도 불행한 삶으로 갈 확률을 높이는 것입니다.

"네 아이가 잘 자라기를 바라니?" "그럼 바라지."

"정말 네 아이가 잘 자라기를 바라니?" "어, 바란다니까."

"진짜, 진짜 네 아이가 잘 자라기를 바라니?" "왜 자꾸 물어 진짜, 진짜 바란다니까."

이때, "그럼 오늘부터 (　)를 할 수 있겠어?"라는 이야기를 해주면 대부분 뒤로 물러납니다. 나와 눈 마주치는 것을 피합니다.

"그게 아니다 싶어서 그런 것 아닐까요?" 네, 그럴 수도 있습니다. 하지만 반전이 있습니다. 그 경우, 그 사람은 온 마음으로 아이가 잘 자라기를 바라는 사람이 아닙니다. 머리에서만 그것도 공짜로 아이가 잘 자라기를 바란다고 생각하는 것입니다.

옛날이야기에 자주 등장하는 주제 중 하나가 불치병 치유에 관한 것입니다. 아버지가 불치병에 걸렸는데 어느 곳의 약초를 먹으면 살 수 있다는 그런 이야기 말입니다. 단 한 번도 경험하지 못한 그 약초를 구하기 위해 주인공은 갖은 고생을 하고 과제를 해결하며 약초를 구해와 아버지를 살립니다. 무엇 때문에 보지도 못한 약초를 구하기 위해 그 고생을 자처할까요?

아버지 병이 진심으로 나으시기를 바라는 간절한 마음이 행동을 불러왔을 것입니다. 행동하지 못 하는 것이 어떻게 진짜일 수 있을까요?

내 아이가 아플 때, 아이를 키우는 분들께 약초를 구해오는 방법을 알려 드리면 대부분 구해오실 것입니다. 무엇 때문이죠?

우리의 부모님은 우리보다 더 어려운 조건에서 아이들을 키우셨고,

우리 부모님의 부모님은 몇 배로 더 어려운 조건에서 아이들을 키우셨습니다.

어려운 조건에서 아이들을 키운 분의 사랑이 더 클까요? 좋은 조건에서 아이들을 키운 분의 사랑이 더 클까요? 나를 포함한 부모님들은 까만 재 속에서도 꽃을 피울 수 있는 사랑을 가지고 있습니다.

다만 그 사랑의 빛을 어떻게 꺼내서 어떻게 사용해야 하는지 제대로 알려주는 곳이 많지 않다는 것이 하나의 과제로 남습니다. 내가 할 수 있는 일은 단 한 가지뿐입니다. 바로 우체통 역할입니다. 우리 엄마들이 답답할 때 우체통을 열어서 우체통 안에 있는 편지들을 읽도록 말입니다. 우체통은 스스로 자기 문을 열 수 없습니다. 여러분이 우체통 문을 열고 꺼내야 합니다. 그것이 바로 '행동'입니다.

아이를 때리는 것도 사랑입니다. 아이를 무시하는 것도 사랑입니다. 아이를 과잉보호하는 것도 사랑입니다. 아이가 영재가 되기를 기대하는 것도 사랑입니다.

다만, 이것은 과거의 사랑이었습니다. 이제는 새로운 사랑의 방식이 기다리고 있습니다. 첫 번째 안내는 '안 되면서, 의심하면서, 기대하면서, 기뻐하면서 우체통의 문을 여는 것'입니다. 안 되니까 안 하는 것이 아니라 안 되니까 하는 것입니다.

안 되면서 질문 던지기

아이를 1년 정도 키우면 이야기 주제가 많아집니다. 밤낮이 바뀐 이야기, 젖은 어떻게 먹인 이야기, 언제 뒤집고, 언제 기고, 언제 걷고, 몸무게와 키 이야기, 아이가 아파서 고생한 이야기 등의 주제들입니다.

3년 정도 지나면 본인만의 신념이 생기기 시작합니다. '해 달라는 대로 해주면 버릇 나빠지고 끝이 없더라, 언제까지 우나 내버려 두니 나중엔 안 울더라, 가기 싫다고 울어도 모른 척하고 어린이집에 맡기고 오면 일주일이면 적응하더라.' 등의 내가 해서 된 것들이 신념이 됩니다.

그런데 자기 신념이 너무 강하게 되면 때로 발전 가능성이 있는 새로운 방법이 있을 때도 '내가 해 봤는데 안 되더라.'고 다른 사람까지 시도하지 못하게 막기도 합니다. 일종의 부작용인 것입니다. 그런 신념은 아이가 초등학교에 들어가면 좀처럼 바뀌지 않을 확률이 높아집니다. 본인의 신념을 바꿀 수 있는 사람은 본인 자신밖에 없습니다. 다시 한번 더 강조합니다. 안되니까 안 하지 말고, 안 된다는 생각에 '안 된다.'고 말해주세요.

안되니까 안 하는 것이 아니라, 안되니까 하는 것입니다. 안되니까 하는, 안 되면서 행동하는 첫 번째는 '안 되면서 질문 던지기'입니다.

그냥 '툭' 던져보세요.

툭 - 내가 아이라면 엄마에게 바라는 것은 무엇일까?

툭 - 우리 아이는 왜 이렇게 잠이 없지?

툭 - 남들은 책도 잘 보는데 우리 아이는 책이라면 왜 이렇게 싫어하지?

툭 - 우리 아이는 왜 편식이 심하지?

툭 - 나는 무엇 때문에 이토록 아이 키우기가 힘들지?

툭 - 나는 왜 이 남자랑 결혼했지?

툭 - 나만 못난 엄마일까?

툭 - 내가 하는 방식이 과연 선기능일까?

툭 - 우리 아이는 왜 이렇게 촌스럽게 보이지?

툭 - 왜 아이랑 노는 것이 이토록 우울할까?

툭 - 우리 아이는 남들보다 왜 이렇게 뭐든지 늦지?

툭 - 우리 아이는 왜 이리 안 먹지?

툭 - 나는 무엇 때문에 아이에게 화가 나면 잘 풀리지 않지?

여러분께 아주 간단하고 쉬운 방법을 제시하는 것입니다. 천릿길도 한 바퀴부터 굴러가기 시작해야 다다를 수 있습니다. 안되면서 그냥 툭 던져 보면 어떤 일이 일어날까요?

안 되면서 선택하기

툭 던져 놓은 질문들을 한 번 바라봐 주세요. 보이십니까? 그다음은 두 가지 범위 안에서 시도해 보시기 바랍니다.

한 가지 예를 들어 보겠습니다. '우리 아이는 왜 이리 안 먹지?'라는 질문을 던졌다면 그 질문을 '말로 하기'와 '글로 적어보기' 둘 중 하나를 선택해 보세요.

말로 소리 내어 "우리 아이는 왜 이리 안 먹지?"라고 해 보는 것입니다. 이것이 '안 하면서 하기' 방법의 하나입니다. 말보다 글이 편한 분은 글로 적어 보는 것도 좋습니다. 아무 종이에 혹은 휴대폰의 메모장에 '우리 아이는 왜 이리 안 먹지?'라고 적어 보세요. 이것이 '안 하면서 하기'의 두 번째 방법입니다.

둘 중 하나 혹은 둘 다 해 보는 것입니다. 둘 다 간단합니다. 복잡하거나 하지 못할 방법 아니지요? 아주 단순합니다. 대부분의 경우 '실천'을 제일 어려워합니다. 당연하지요? 실천이 쉽지 않은 이유는 저마다 다양하게 있을 것입니다.

그 다양한 이유는 뒤로하고, '실천'할 수 있는 간단한 방법을 제시해 드린 것입니다. 내가 제시하는 '실천하는 방법'은 간단합니다. 이미 그 실천을 하셨습니다. 말로 뱉어 보는 것과 글로 적어 보는 것, 딱 두 가지 방법입니다.

두 가지도 많다 하시는 분들은 둘 중에 글로 적는 방법을 권해 드립니다. 다시 한번 말씀드립니다. 되면서 선택하기가 아닌 안 되면서 선택하기입니다. 분신처럼 늘 붙어 있는 휴대폰 메모장을 열고 아무 질문이나 적어 본다면 어떤 일이 일어날지 궁금하지 않으신가요?

질문은 딱 하나만으로도 충분합니다. 무엇 때문에 충분하다 할까요? 하나의 질문으로 여러분은 실천을 시작했기 때문입니다. 시작과

끝은 늘 함께합니다. 시작한 순간 끝도 같이 생겨납니다. 우리가 할 일은 이미 존재하고, 이제 점점 다가올 그 끝을 잘 맞이하는 것입니다.

안 되면서 행동하기

자, 질문을 적으셨습니까? 그렇다면 여러분이 가고자 하는 곳에 반은 이미 도착하였습니다. 질문을 시작하기만 한다면 시간상의 문제일 뿐 질문의 답은 여러 형태로 찾아올 것입니다. 질문과 동시에 바로 오는 답들도 많을 것입니다.

그 형태가 책일 수도 있습니다. 그 형태가 강연일 수도 있습니다. 그 형태가 어떤 분의 말 한마디일 수도 있습니다. 그냥 툭 질문들을 날려 보세요. 그냥 툭 질문들을 던져 보세요. 그냥 안 되면서 하면 됩니다.

우리들은 다년간 복잡하고 뭔가 어렵고 노력을 기울여서 하는 일들에 익숙해져 있습니다. 그래서 '그냥' 하는 것은 죄를 짓는 기분이 들 수도 있습니다.

'그냥' 하는 것은 아무것도 안 하는 것 같은 기분이 들 수도 있습니다. 어찌 보면 '그냥 한다.'라는 몹시 어려운 과제를 드렸을 수도 있습니다.

'그냥 한다.'는 것은 계획이나 어떤 고민, 노력, 심혈을 기울이지 않고 말 그대로 그냥 하는 것입니다. 안 되면서 행동하기. '그냥 하기', 참 간단하다는 생각 드시지요?

그래도 조금 더 하시고 싶은 분들에게 다음과 같은 방법을 제시해

드리겠습니다. 안 되면서 될 수 있는 선택을 해보시기 바랍니다. 첫째 는 가장 편안하게 접할 수 있는 상담소에 찾아가시기 바랍니다. 유튜 브 안에서 본인의 질문을 적어 검색하셔서 좋은 상담소를 찾을 수도 있습니다. 집에서 가장 가까운 상담소를 찾아가는 것도 좋고, 어떤 육 아서든 심리서든 우선 읽어 보는 것도 좋습니다. 그 외에도 해 보실 수 있는 여러 방법을 동원하여 '그냥' 하시면 됩니다. 그것으로 당장 충 분할 수 있습니다.

마음 리모델링 3.

좋은 육아서, 마음을 새롭게 하는 심리서를 보면 마음이 잠시 편안했습니다.

그 책들이 주었던 위로 덕분에 나도 책을 쓸 수 있었을지 모릅니다.

하지만 내가 읽고 경험한 책 중에 내 아이에 대한 이야기는 없었습니다. 너무 당연한 이야기입니까? 내 아이 이야기를 해주는 책 당연히 없었습니다. 나에 대한 이야기도 없었습니다. 이 또한 너무 당연한 이야기입니다. 내 이야기를 해주는 책 당연히 없었습니다.

여기에 본질이 존재합니다. 이제는 다시 써져야 합니다. 어느 곳에도 내 이야기를 해주는 곳이 없기에 내 이야기를 내 육아를 다시 써야 할 때가 온 것입니다.

외롭고, 힘들고, 슬프고, 괴롭고, 때로는 아이 때문에 살짝 웃을 수 있을 때의 느낌은 나밖에 알 수 없습니다. 나의 글은 다만 시작일 뿐입니다. 반짝반짝 빛나는 보석보다 아름다운 우리 엄마들이 다시 써야 할 때가 왔습니다. 무엇을 쓸까요? 내 고통의 지점이 행복의 지점임을 말할 수 있는 그것을 써야 합니다.

나는 도깨비 엄마였습니다. 도깨비 엄마가 사람들이 하는 것을 제대로 할 수나 있었을까요? 흉내라도 내면 다행이었을 것 같습니다.

나는 아이들 학습지가 뭐가 좋은지 잘 모릅니다. 학원은 더 모릅니다. 교구는 더 모릅니다. 아이들 옷 브랜드도 모릅니다. 아이를 영재로 키우는 방법도 잘 모릅니다. 제대로 아는 것은 단 하나입니다. 딱 하나였습니다.

삶의 조건이 어떠하든 육아의 조건이 어떠하든 나에게 주어진 상황에서 덜 고통스럽게 하는 방법, 어제보다 오늘이 덜 고통스러울 방법, 아까보다 지금이 덜 고통스러울 방법, 조금 덜 하는 방법밖에 알지 못했습니다.

어제보다 오늘이 덜 고통스러우면, 어제보다 오늘이 행복할 수 있는 확률도 조금 올라갑니다. 알아채야 합니다. 알아채면 선택의 폭이 넓어집니다. 선택의 폭이 넓어지면 마음이란 놈도 여유가 생깁니다. 아래에서 어제보다 오늘이 덜 고통스러운 방법을 소개하겠습니다.

안 되는 것 알면서 두 대 때릴 때 한 대 줄여 때릴 수 있기

아이를 섬세하게 대하고 배려하고, 아이 마음속으로 들어가고 나오고, 아이를 영재로 키우는 등의 방법들을 알려주는 몇 곳이 있었습니다. 나름 모두 유용했습니다.

하지만 도깨비 엄마에겐 그런 곳에서 알려준 내용이 너무 결론적이고 이상처럼 보였습니다. 왜냐하면 알고 있지만 이미 아이에게 소리를 질러버린 후였습니다. 알고 있지만 등짝 스매싱을 이미 날린 후였습니다.

책에선 그렇게 하면 아이에게 안 좋다 하지, 나는 이미 저질러 버렸지, 역시 나는 안 되는 엄마라고 두 배, 세 배로 자책하고 괴로워했습니다.

아이 때리고 싶으면 막 때리세요. 단, 내 마음이 괴롭지 않을 수 있다면! 아이 때리는 것이 즐거운 부모 계실까요? 정신 이상자 아니고는 똑같이 괴롭습니다. 괴로운데 또 때립니다. 네, 또 때리세요. 단, 또 때려도 괴롭지 않다면 말입니다.

괴롭다는 것은 무언가 잘못되었다는 신호 아닐까요? 너무 당연한 질문입니까? 괴롭고 고통스러운데 반복하는 이유는 무엇일까요? 이유 찾을 시간에 우리 한 번 알아차려 보는 것은 어떨까요?

때리기 시작할 때 알아차려도 좋습니다. 때릴 때 알아차려도 좋습니다. 때리고 난 후에 괴로워하면서 알아차려도 좋습니다. 때리는 내가 보이기 시작하면 끝낼 수 있습니다. 아파하는 아이를 볼 수 있으면 이미 좋은 부모일 수 있습니다.

안 때려서 좋은 부모이고, 때려도 좋은 부모이고, 때리는 것을 알아차리는 부모도 좋은 부모입니다. 때리면서 알아차리는 부모도 좋은 부모입니다. 때리고 괴로워하면서 알아차리는 부모도 좋은 부모입니다. 물론 가장 좋은 부모는, 때리기 전에 미리 그 상황을 알아차리는 부모입니다. 알아차리면 어제보다 한 대 덜 때릴 수 있기 때문입니다.

그 한 대가 줄고, 줄고 줄면 어느 날 아이 때리는 손이 이상하게 느껴지면서 더는 그 행위의 의미가 없어지는 때가 옵니다. 사람은 의미 없는 행동은 하지 않습니다. 그것으로 충분합니다.

안 되는 것 알면서 내가 녹음기인 것 알아차리기

결론부터 말씀드리겠습니다. 특히 부모의 역할을 맡은 우리 부모는 모두 녹음기입니다. 녹음기임을 알고 시작하겠습니다. 아이에게 긍정, 부정적인 말은 특히 더 녹음된 것입니다.

'엄마가 하지 말랬지.', '몇 번을 이야기해야 알아들어?', '이거 다 먹어야 식탁에서 일어날 수 있어.', '뚝 그쳐!', '셋 셀 때까지 뚝 그쳐!', '왜 울어?', '이게 네가 잘한 짓이야?', '너는 나 괴롭히려고 태어났니?', '하나도 안 무서워. 뭐가 무섭다고 난리야.', '하나도 안 아파, 뭐가 아프다고 난리야.', '가지 마! 저기 가면 망태 할아버지가 잡아간대.', '아이고 내가 못 살아.', '그렇게 해서 밥이나 먹고 살겠냐?', '너는 커서 뭐가 되려고 그 모양이냐.', '이거 안 먹으면 키 안 커.', '옷 안 입으면 감기 걸려. 감기 걸려도 나 모른다.', '돌아다니지 말고 먹으라고, 흘리지 말고 먹으라고.', '공부를 그렇게 해봐.', '안 돼.', '하지 마.', '너 그러면 바보 된다.', '빨리 신어. 빨리 입어. 빨리 먹어. 빨리해. 느려 터져서 정말 내가 속 터져.', '자라 자. 제발 좀 자라.', '아이 창피해.' 등등.

내가 아이에게 반복적으로 자주 하는 말들이 무엇인지 듣는 것 어렵지 않습니다. 자주 등장하는 말을 적어 볼 수 있다면 내가 녹음기임을 알아차리기가 더욱 쉬워집니다.

녹음된 내용을 알아차리기 시작만 하면, 입은 속사포보다 더 빠르게 녹음된 내용을 뱉어내고 있어도, 머리에선 녹음기 틀어졌구나! 라고 인식이 되기 시작합니다.

이것도 당장 안 되어도 괜찮습니다. 여기까지 읽고 계신 분이라면 시간상의 문제이지 나에게 녹음된 내용이 무엇인지 알아차릴 수 있게 됩니다.

알아차리고 알아차리면 어느 날 문득 녹음기를 끌 수 있습니다. 녹음기가 돌아가려 할 때 바로 끌 수도 있고, 돌아가면서 끌 수도 있고, 거의 끝나갈 때 끌 수도 있습니다. 나중에는 녹음기가 틀어지기 전에 끄게도 됩니다.

꼭 끄지 않아도 괜찮습니다. 안 되면서 녹음기인 것을 알아차리기만 하면 이것도 끝이 있습니다. 녹음기가 돌아가지 않는 세상은 어떤 세상일지 한번 상상해 보세요.

안 되는 것 알면서 나에게 깔린 프로그램 알아차리기

안 돼서 안 했다면 나는 인테리어, 리모델링 일을 시작하지도 못했을 것입니다. 또 안 돼서 안 했다면 나는 이 책의 서두도 역시 시작하지 못했을 것입니다. 안 되는지 되는지도 모르면서 무엇이든 끊임없이 했기 때문에 그 어려웠던 직장 일도 해냈고, 지금 이렇게 이 책의 내용도 적고 있을 수 있습니다.

육아도 일처럼 책임감 때문에 무엇이든 해야만 했던 것인지도 모릅니다. 또는 불안하고 고통스러워서 무엇이든 해야만 했을 수도 있습니다. 나는 무엇이 그토록 힘들었을까요?

나를 힘들게 하는 것은 아무것도 없었습니다. '힘들다, 괴롭다, 미치겠다'하는 마음만이 있었을 뿐이었습니다. 그 마음, 그 생각 때문에 아이의 자연스러운 행동도 미칠 것 같은 행동으로 느껴졌고, 아이 존재 자체가 모두 '힘들다'로 인식되었습니다.

그런 마음으로 무기력하게 누워 있곤 했습니다. 그런데 무기력으로 누워 있는 것이 사실 '아무것도 안 한 것'이 아니라 누워 있는 행동을 한 것이었습니다. 살아 있는 사람이라면 적어도 숨 쉬는 행동은 합니다. 그것은 아무것도 안 하는 것이 아니라 뭔가 하는 것입니다. 그래서 모든 사람은 무엇이든지 할 수 있습니다. 무기력한 것도 '무기력을 한 것'입니다. 그러므로 인간은 아무것도 하지 않는 게 불가능한 존재입니다.

다만 안 된다는 마음에 붙잡혀서 해보기도 전에 안 되는 것을 선택해버리고 안 된다고 확신하며 신념을 만들어 믿어 버립니다. 그래서 또 안 하게 합니다. 안 하는 행동은 하는 것일까요, 안 하는 것일까요? 안 하는 행동은 '안 하는 것을 하는' 행동입니다.

깊이 들어가지 않아도 확연히 알 수 있습니다. 안 하는 행동을 하는 것입니다. 무엇 때문일까요? 안 하는 행동을 하고 있으면서도 우리는 왜 하고 있다는 인식조차 하지 못하는 것일까요?

까르마, 업식, 업장, 고통체, 감정체 등 이름만 달리할 뿐 비슷한 하나의 프로그램 때문입니다. '나는 장미꽃을 좋아 한다.'라는 프로그램이 깔려 있기 때문에 장미꽃을 좋아한다고 느껴지는 것입니다. '나는 여자야'라는 프로그램 덕분에 여자임을 인식할 수 있는 것입니다.

여기서 뇌과학이나 인지 패턴을 논하자는 것이 아닙니다. 다만, 우리 아이에게 나오는 말, 눈빛, 행동 대부분이 몇 대를 거쳐 우리에게 학습된 프로그램임을 알아차리자는 것입니다.

'한글'이라는 문서 편집 프로그램을 사용하시는 분 중 한글이 프로그램이라는 것을 모르는 분은 없을 것입니다. 프로그램이 무섭다거나, 슬프다거나, 화가 난다거나, 기쁘다거나 한 것이 아니라 다만 프로그램임을 알고 있기에 한글 프로그램을 보면서 눈물 흘리는 등 어떤 감정을 느끼는 분은 없습니다.

우리가 느끼는 모든 느낌, 감정, 생각 그리고 우리고 하는 모든 행동도 다 프로그램입니다. '절대적인 사실이어서, 달리 어떻게 할 수 없다.'고 할 필요 없습니다. 한글 프로그램을 잘 써 주듯이, 우리의 모든 프로그램도 잘 써 주면 됩니다. 주인으로서, 능숙하게 말이지요.

아무것도 안 하셔도 괜찮습니다. 그냥 앉아서, 그냥 누워서 생각 하나만 해도 충분합니다. 그 생각은 '내가 아이에게 대입하는 모든 것이, 내가 아이 때문이라고 생각하는 대부분이 나에게 프로그램된 것이다.'라는 것입니다.

'언제 주입되거나 코딩되었는지 알 수 없는 그 프로그램 하나로 내 삶도 아이 삶도 모두 힘들게 하는 것은 아닐까?' 하는 의문을 품어 본 후의 세상은 이전의 세상과 어떻게 달라질지 궁금하지 않으십니까?

긍정적 측면도, 부정적 측면도 프로그램된 것이라면 내가 고집해온 습관, 나의 신념 모두에게 질문을 던져보는 것은 어떨까요? 이렇게 말입니다. '너 정말로 진짜니?'

오늘도 우리 큰아이는 동생에게 고래고래 소리를 지른다.

설거지하는 내 등 뒤에서 큰아이의 성대가 찢어질 듯한 고함이 들려온다. "누나가 하지 말라고 몇 번을 이야기했어? 어? 몇 번을 이야기했냐고~. 어? 한번 말하면 들어야지. 하지 말라는 이야기를 몇 번이나 하게 해?" 이런 상황에 부닥친 다른 때의 나라면 아이에게 훈계나 질책이나 똑같은 고함 한방으로 상황을 종료했을 것입니다. 오늘은 그때가 온 것이었을까요?

그 상황이 평화롭게 느껴지거나 온전하다 느껴지는 수준은 아니었습니다. 하지만 다른 때와 확연히 다른 느낌이 왔습니다.

그것을 글로 표현한다면, '저 아이의 입에서 저 고함이 나오기까지 저 아이는 나에게서 얼마나 많은 고함을 들어야 했을까? 천 번? 만 번? 백만 번? 내가 뿌린 씨로구나.'

내가 뿌린 씨앗이라는 깨달음이 왔습니다. 나의 이론이던 다른 사람의 이론이던 이론을 아는 것과 그것이 그 순간처럼 깨달음으로 오는 것의 차이는 말이나 글로 설명되기에는 한계가 있습니다.

그것은 경험을 통해서야 확연히 감지될 수 있는 것입니다. 내가 뿌린 씨앗의 결과물은 지금 내 아이의 상태입니다. 주의하세요. 여기서 그 결과가 '아이'라고 단정하지 않았습니다. '아이 상태'라고 말씀드렸습니다.

아이는 바꿀 수 없지만, 지금부터 내가 어떤 씨앗을 심는지에 따라 혹은 내가 어떤 마음으로 아이를 대하는지에 따라 아이 상태는 반드시 꼭 바꿀 수 있습니다.

건물 리모델링과 마음 리모델링의 공통점과 차이점

정성을 들이면 어떤 건물이어도 좋아집니다. 사람 마음도 어떤 마음이든 정성을 들이면 좋아집니다. 건물 리모델링도 언젠간 끝이 납니다. 마음 리모델링도 언젠가 끝이 납니다. 그래서 우리는 희망을 품을 수 있습니다.

새로 지은 건물도 세월이 지나면 낡습니다. 하지만 마음은 한번 새로워지면 다시 낡아지지 않습니다. 이것의 마음 리모델링의 신비입니다.

마음은 새로워지면 더 새로워지는 곳으로 가고 싶어 합니다. 건물은 새롭게 하는데 정해진 시공 방식들이 존재하고 그것대로 하면 끝입니다. 비교적 간단하다는 말입니다. 그런데 사람의 마음을 새롭게 하는 것에는 엄청나게 큰 저항들이 따라올 때가 있습니다. 마음 리모델링할 때 두려움, 불안, 무기력, 우울, 의심, 불편함, 게으름, 핑계 등의 저항이 상황에 따라 나타날 수 있습니다.

극소수의 사람을 제외하고는, 이러한 저항을 즐기며 앞으로 나아갈 수 있는 경우는 드뭅니다. 하지만 이런 저항이 있을 수도 있다는 것을 서로 알아채며 진행한다면 누구나 건물 리모델링을 하듯이 마음을 새롭게 할 수 있습니다. 그리고 다시는 낡은 과거로 돌아가지 않을 수 있습니다.

나는 '나는 리모델링하지 않겠다.'는 분을 리모델링하게 할 재주는 없습니다. 하지만 리모델링하기로 선택하신 분이라면 건물이든 마음이든 리모델링하시는 데 도움 줄 수 있는 재주는 있습니다. 내가 재주가 많아서일까요? 아니면 내가 똑똑해서일까요? 그 이유는 내가 나를 너무나도 고통스럽게 대했고, 그 고통의 실체를 확연히 보았기 때문입니다.

건물 리모델링은 새로운 재료가 필요하지만, 마음 리모델링에는 아픈 과거라는 재료가 필요합니다. 고통스러운 그 지점이 행복해지는 지점과 같기 때문입니다.

아이 재우기가 힘드십니까? 아이와 힘드십니까? 남편이라면 치가 떨리십니까? 여러분은 마음 리모델링에 참 좋은 재료들을 가지고 계신 것입니다.

그 재료들을 어디에 어떻게 시공해야 하는지 첫 번째 안내서가 바로 책 '저절로 잠드는 동화'입니다. 그냥 소리 내어 읽으면 됩니다. 책과 다양한 잠재우기 소품들을 활용하시라고 잠재우는 소품들도 만들었습니다. 잠재우는 소품이 익숙해지면 아이가 좋아하는 물건들로 아이들을 평화롭게 재울 수 있도록 도와 드리겠습니다.

건물 리모델링은 하루하루 지나면 새로워지는 모습에 기대감이 가득합니다. 하지만 마음 리모델링은 리모델링에 필요한 재료와 만나게 되면 이상하고, 낯설고, 무섭고, 외롭고, 슬프고, 화가 나고, 짜증이 나고, 무기력하고, 하기 싫은 마음이 먼저 옵니다. 부정적인 마음부터 그냥 툭 바라보는 연습이 더 필요할 수도 있습니다.

금광이라고 불리는 곳에서 백날 금을 캐도 금이 없을 수도 있습니다. 혹은 한 돈도 되지 않는 사금 정도는 얻을 수 있을지 모릅니다. 그런 실수를 하지 않으려면 금맥을 볼 수 있는 안목이 먼저 있어야 합니다. 금맥을 찾은 후에 손으로 캘지 삽으로 캘지 폭탄을 터트려 캘지 아니면 캐지 않고 남겨둘지 선택을 할 수 있습니다.

세상에는 400여 가지가 넘는 심리기법이 있다고 합니다. 그런데 심리기법에 의한 심리 치유에는 반드시 한계가 있습니다. 짧으면 3일 길면 한 달 정도 지나면 다시 괴롭습니다. 이것은 심리기법의 한계이기 이전에 우리 인간 자체의 한계 때문이기도 합니다. 그럼 이 한계를 품고 넘어서기 위해서 무엇을 해야 할까요?

우리 마음의 근육을 단련해야 합니다. 마음에도 근력이 있습니다. 그 마음의 근력을 단련시킬 '마음공부'를 시작하셔야 합니다. 궁금한 게 있으면 계속 질문하면서 마음공부를 꾸준하게 지속해서 '나의 필터들이 많이 남아 있지 않구나.'라고 느껴지면, 3~4년 정도 흘러 있을 것입니다.

안내자가 있으면 길어도 3~4년 안에 삶의 무게에서 벗어날 수 있는 것을 나는 10년이나 걸렸습니다. 무엇 때문이었을까요? 혼자 돌아온 시간이 많기 때문입니다.

내 아이가 행복하다면 그냥 막 키우는 것이 답일지도 모릅니다. 타고난 마음의 유산이 풍부하신 분들은 본능대로 아이를 키우셔도 잘 키우실 것입니다.

하지만 마음의 유산을 제대로 물려줄 만한 역사를 우리는 가지고 있지 못합니다. 그리고 무지하면 내 아이가 불행한지 행복한지 잘 알지 못합니다. 모르면 속은 편안할 수도 있으니 계속 무지하게 키우는 것도 방법일 수 있습니다.

이 모든 것의 전제는, '괴롭지 않다면 그렇게 해도 된다.'입니다. 또 괴로움이 괴로움인지 모르고 계속 가시밭길을 걷고, 고통의 짐을 어깨에 메고 사시는 분들 참 많습니다. 가시밭인지 고통인지 모르기 때문입니다.

하지만 사람들은 무의식에서는 무엇이 선인지 모두 알고 있습니다. 다만 의식에서 그것을 선택하지 않을 뿐입니다. 그래서 기존에 듣지 못했던 신선한 이야기를 들으면 딱 깨치는 분들이 있습니다.

나의 이야기는 이야기입니다. 이 이야기가 불편하시다면 아무것도 선택하지 마시길 바랍니다. 나는 이 책에 여러분들이 아이와 행복할 방법 중 백 분의 일도 시작하지 못했습니다.

안내서의 첫 번째 이야기의 물꼬만 텄을 뿐인데 여러분은 지금 어떤 기분입니까? 어떤 기분이어도 모두 괜찮습니다. 그냥 지금을 보세요. 지금에 머무를 수 있다는 것에 집중하세요. 그것이 내 아이와 내가 행복해지는 지름길임을 기억하세요.

엄마, 아빠라는 역할을 맡으신 여러분! 아이들에게 최고로 좋은 부모의 마음이 무엇인지 생각해 보신 적 있으십니까?

〈아이에게 모든 것을 바라면서 동시에 아무것도 바라지 않는 마음이 아이에게 가장 좋은 부모의 마음이다.〉

– 마음 디자이너 최지혜 –

우리는 좋은 부모일까요?

당신은 좋은 부모입니까? 나는 좋은 엄마일까요? 네, 나는 좋은 엄마입니다! 어떤 근거로 나는 이렇게 속 시원히 좋은 엄마라고 이야기할 수 있을까요?

우리 아이가 내가 좋은 엄마라고 말해 주었기 때문입니다. 우리 아이는 내가 좋은 엄마라고 입이 마르게 칭찬을 해주기에 나 스스로 나를 좋은 엄마라고 이야기할 수 있습니다.

아이의 학습 영역, 먹거리 영역, 욕구 영역, 재능 영역 그 무엇 하나 변변히 잘 아는 것도 없고, 잘하는 것도 많지 않은 나를 어째서 좋은 엄마라고 우리 아이는 말하는 것일까요?

감탄사가 절로 나오는 다른 엄마들과 비교하면 정말 부족하기만 한 나는 또 무슨 이유로 좋은 엄마라고 말할 수 있는 것일까요? 그 이유를 말하자면 여러 가지가 있을 수 있지만, 가장 중요한 것은 단 하나의 이유입니다.

내가 '안 되는 내 마음을, 힘든 내 마음을 작정하고 들여다본 엄마'

이기 때문입니다. 아이 탓, 신랑 탓, 주변 탓이라 생각하며 힘들었던 시기를 그렇게 남 탓하지 않고 나 자신의 영역으로 적극적으로 맞이했기 때문입니다.

'저절로 잠드는 동화' 작가는 아이 재우기가 매일 행복할까요?

이 질문에 대한 대답은 "행복하면서 아닙니다."입니다. 큰아이가 말하기 시작하면서 잠을 자려고 불을 끄고 누웠을 때 "엄마 옛날이야기 해줘."라고 말하던 그날의 느낌을 아직도 잊을 수가 없습니다.

"엄마 옛날이야기 해줘."라는 말을 듣는 순간 가슴이 답답하고 머리가 멍해지면서 화가 올라왔습니다. 아이가 이야기해 달라니 말은 시작했지만 무슨 감정인지도 모르는 기분과 느낌들이 올라왔다 내려갔다 했습니다.

결국은 한두 문장 이야기하다 "빨리 자. 엄마 옛날이야기 못해."하고 재워 버렸습니다. 그 두 문장을 이야기하는데 천 년의 시간은 흐른 듯했던 그 느낌 아직도 생생합니다.

그렇게 화까지 올라오던 엄마가 어떻게 매일 밤 저절로 잠드는 동화를 창작해서 아이에게 들려주고, 또 책으로 엮어 출판까지 할 수 있었을까요? 비법은 간단합니다.

화나면서 두 문장 이야기하고, 화내면서 책 한 권 읽어 재우고, 화참으면서 책 세 권 읽어 재웠습니다. 그렇게 하루하루 지내다 어느 날은 책이 수북이 쌓이는 날도 있었고, 어느 날은 옛날이야기도 들려줄 수 있는 날도 생기게 되었습니다. 그런 날이 하루 이틀 늘어나면서 저절로 잠드는 동화를 만들 수 있는 날도 왔습니다.

저잠동 작가는 매일 밤 아이 재우는 것이 좋기만 했을까요? 처음엔 아니었습니다. 아이들이 밤마다 정말 간절히 원하는 모습에 어쩔 수 없이 하게 되고 하다 보니 서로 익숙해지고, 익숙해지다 보니 책으로도 만들 수 있게 되었습니다.

사실은 지금도 아이가 그냥 잠들어 주길 바랍니다. 두 문장 정도 이야기했는데 아이가 잠든 날은 로또 맞은 날인 것처럼 마음이 홀가분합니다. 이런 마음으로 어떻게 저절로 잠드는 동화를 만드는지 궁금하십니까? 재밌는 것은, 오히려 그런 힘든 마음이 있었기에 저절로 잠드는 동화도 가능했습니다.

공감되십니까? 처음엔 365일 하루하루가 힘들었다면, 그다음은 364일만 힘들고 그다음은 363일 힘들면서 힘들지 않을 수 있는 날을 늘려나갔습니다. 엄마라면 그렇게 늘려나가야 하지 않을까요? 그래야 아이는 덤으로 편해지니까요. 부모님들이 편안해지면 아이는 덤으로 편안해집니다.

아이가 편안하다고 부모가 꼭 편안하게 되진 않지만, 부모가 편안하면 아이는 덤으로 편안해집니다. 요즘의 나는 한 달에 보름 정도는 아이와 행복하게 잠들 수 있습니다. 행복, 기쁨, 즐거움의 긍정적 감정만이 아니라 아이의 불안, 슬픔, 두려움 등의 부정적인 감정들도 잘 다루어 재울 수 있게 되었습니다. 어떻게 이렇게 되었을까요?

힘들어하면서 마음 리모델링을 했습니다. 우울해하면서 리모델링했습니다. 안 되는 와중에 선택하고 행동했습니다. 안 되니까 포기하면서도 계속 리모델링했습니다.

그래 '나는 안 되는 엄마야'라며 내 머리도 한 대씩 쥐어박았습니다. 아이에게 모질게 한 날은 나도 내가 미치도록 싫어서 뺨도 한 대씩 때리고 자책하면서 그렇게 마음 리모델링했습니다.

나는 '안 되는 것을 안 되게 하는 방법'은 잘 모릅니다. 남들은 3주는 걸려야 한다는 공사를 5일에 끝내는 방법은 알아도 5일에 끝낼 공사를 3주에 하는 방법은 몰랐습니다.

육아! 단어만 들어도 힘들고 지치고 무기력하고 한도 끝도 없고 무겁고 지겹고 고단했습니다. 그런데 이런 줄 모르고 아이를 낳았기에 책임에 책임을 다한다는 생각밖에 없었습니다.

책임지기 위해 도깨비 엄마는, 자신이 가질 수 없었던 배려하는 회로, 공감하는 회로, 사랑하는 회로, 이해하는 회로 등을 전기 배선처럼 마음에 깔아야 했습니다.

더디고 힘들어도 오열하며 고래고래 소리 지르며 치열하게 책임감으로 책임 육아를 했습니다. 그리고 지금도 하고 있습니다. 그 육아! 지금의 나의 육아는 어떤 단어들이 채울까요?

우리 아이들 만나 사람 된 엄마, 남편 아닌 내 편 만나 사람 된 여자, 365일 행복하진 않아도 300일 정도는 괜찮은 육아, '나 좋은 엄마야.'라고 자신 있게 말할 수 있는 엄마, 국내 최초로 '저절로 잠재우는 동화' 작가씩이나 하면서 잘 살 수 있는 비법이 무엇일까요?

무엇 때문에 우리는 아이를 잘 길러야 할까요?

우리 아이 '잘' 길러야 한다는 생각 나만 가지고 있을까요? 당연히 아니지요. 부모라면 누구나 우리 아이 잘 길러야지 하는 생각 하고 있습니다. 무엇 때문에 잘 길러야 할까요? 아이 잘 길러야 하는 것에 무슨 이유가 존재할 수 있을까요? 그냥 아이는 잘 자라야 하지요.

상위 몇 프로의 영재들이라도 행복하지 않다고 하면, 과연 그들이 잘 자랐다 할 수 있을까요? 소위 '스카이' 대학에 간 아이들이 마음이 풍요롭지 않을 때, 그들이 잘 자랐다 할 수 있을까요?

행복과 건강을 완전히 배제한 채, 비교의 바탕 위에 비교라는 기둥을 세우고 비교의 비교를 켜켜이 쌓아 올려 비교의 지붕을 덮어 만든 마음이 가난한 상위 몇 %의 비교의 틀에 못 들어가면 잘 못 자란 것일까요?

'잘 못 자란 것 같아, 잘 못 키운 것 같아.' 하며 내 아이를 부끄러워하고 나를 탓해야 할까요? 무엇 때문에 가장 소중한 아이에게 영재, 천재, 수재, 좋은 대학 들어간 애, 일등 하는 애, 뭘 잘하는 애 등의 꼬리말들을 붙이는 것일까요? 딱지가 덕지덕지 붙은 필터가 끼워진 안경으로 아이를 바라보고 있는 것은 아닐까요?

이제는 조금 더 알아차려야 하지 않을까요? 알아차리고 나서 아이를 때리든 협박을 하든 회유를 하든 비교를 하든 무시를 하든 해야 하지 않을까요? 도대체 무엇을 알아차려야 할까요?

어느 날 "네 새끼 일등 만들어 뭐 할래?"라는 질문이 왔습니다. "일등 하면 좋지.", "일등 하면 누가 좋은데?", "당연히 애가 좋지.", "애가 좋은지 어떻게 알아? 너는 애가 아니고 엄만데?", "뭐 그런 말도 안 되는 소리야? 당연히 내가 아니고 아이가 좋지.", "너는 아이가 아니잖아. 네 아이의 엄마잖아.", "아 몇 번을 말해. 나 아니고 아이가 좋다니까?", "아이 일찍 재우면 뭐가 좋아?", "내일 유치원도 잘 갈 수 있고, 키도 쑥쑥 자라고 좋지.", "아이가 유치원 가지. 엄마가 유치원 가니? 아이 키가 자라는 거지. 엄마 키가 자라는 거니?", "너 오늘 이상한 이야기 한다. 애가 좋으면 나도 좋지. 뭘 따지고 그래? 머리 아프게." 어느 날 나와 내가 주고받은 내용입니다.

아이가 잘된다는 기준이 아이 것일까요? 엄마 것일까요?

우리 아이의 행복 나이는 몇 살일까요?

우리 아이는 몇 살에 행복해야 할까요?

한두 살? 서너 살? 행복에 어떤 때가 있을 수 있을까요? 그럼 인생에서 몇 년 정도 행복할 수 있을까요?

나는 아이가 부모가 되었을 때 행복할 수 있는 것이 진정한 행복의 모습이라고 생각합니다. 아이를 낳기 전까지 나는 그럭저럭 잘 사는 사람이었습니다. 그런데 아이가 태어난 후에 사람이 아닌 도깨비였음을 보게 되었습니다. 그만큼 나 자신의 모습에 실망했었습니다.

그 실망스러웠던 도깨비가 어떻게 해서 사람이 될 수 있었을까요? 우리 부모님들은 사랑을 한가득 안고 계시면서도 정작 자기 아이에게 어떻게 표현할 줄 모르면서, 고생스럽게 또는 격동적인 세월을 사셨습니다.

아이에 대한 배려, 사랑, 이해, 공감 이런 단어는 그들에겐 외계인 언어였을지도 모릅니다. 그런 부모님이 잘못되었다거나, 탓을 하려는 것이 아닙니다. 그런 가운데 본인들 나름의 사랑을 다 우리에게 주셨지요.

우리가 부모가 된 이 시점에 나는 어떤 부모인가? 정도는 파악하고 아이를 키운다면, 아이는 덤으로 행복하게 자랄 수 있지 않을까요? 그리고 새롭게 나도 다시 태어날 수 있지 않을까요?

나란 엄마, 누가 봐줄 수 있을까요?

자발적인 요인이었든 환경적인 요인이었든 나도 아이도 너무 힘들었던 시절이 있었습니다. 큰아이가 5살 정도까지 참으로 힘들었습니다. 나도 이십몇 개월에 한글을 줄줄 읽는 아이의 엄마가 되고자 욕심이 목구멍까지 차 있었던 시절이 있었습니다.

외국어를 유창하게 말하게 해보자며 노력도 하지 않고 교재만 쟁였던 시절도 있었습니다. 때리면 안 좋다니 눈빛으로 아이를 수도 없이 때리며 지냈던 시절이 있었습니다. 아이보다 내 존재욕이 먼저여서 아이도 나도 너무 힘들게 했던 시절이 있었습니다.

나는 아이에게 그렇게 여러 가지를 바랐지만, 아이는 단 한 번도 내가 영특한 엄마가 되기를, 외국어를 유창하게 하는 엄마가 되기를, 남들에게 자랑할 만한 엄마가 되기를 바란 적이 없었습니다.

그냥 도깨비 엄마라도 엄마로 고유하게 대해 주었습니다. 화난 목소리의 엄마여도 엄마가 읽어 주는 책을 제일 좋아해 주었습니다. 영혼 없는 목소리로 읽어 주는 책이라도 엄마가 읽어주면 행복해했습니다. 며칠 세수 안 한 얼굴을 만지며 세상에서 우리 엄마가 제일 예쁘다고 말해 주었습니다.

그리고 몇 년간 엄마가 해준 이야기가 제일 재미있다고, 우리 엄마가 최고라고 말해줍니다. 엄마 이야기는 우리만 듣기 너무 아까워서 꼭 책으로 만들어서 다른 아이들에게도 들려주면 좋겠다고 용기도 주었습니다.

도깨비였던 엄마가 세상 아니 우주 어디에 가서 이런 대접을 받을 수 있을까요? 화 많고, 우울하고, 무기력하던 사람 아닌 사람을 고요하고 평안하게 만들어 줄 수 있는 사람이 우리 아이 말고 누가 있을까요?

물론, 때론 엄마를 미칠 듯 화나게 합니다. 죽도록 말도 안 듣습니다. 밥은 왜 그리 안 드시는지요. 얌전하게 '안 드신다.' 표현했지만 안 먹는 아이에게 어떤 단어를 가져다 붙이고 싶은지 알고 계시죠? 또 거기에 심지어 잠도 없습니다.

'문제 부모는 있어도 문제 아이는 없다.' 나는 이 말을 이렇게 바꿔 생각해 보았습니다. '문제 부모가 있다. 문제 부모임을 알게 된 후에 어떻게 해야 할지 알려주는 곳은 있지만, 그러나 끝장 볼 수 있게 해주는 곳은 없다.' 끝장 볼 수 없는 이유 말씀드리겠습니다.

제대로 시작도 하지 않았기 때문에 끝도 날 수 없습니다. 시작도 하지 않았기에 우리 아이들을 상대적 비교 안에 넣고 있습니다. 상대적 비교도 유용하면 사용할 수 있습니다. 하지만 상대적 비교로 나와 아이 모두를 괴롭게 하기에 유용하게 사용하기란 좀처럼 쉽지 않습니다.

나는 이것이 좋고 저것은 나쁘다는 이야기를 하는 것이 아닙니다. 뿔 달린 도깨비 엄마라도 내 아이가 나를 봐주고, 봐주고, 기다려준 그 보답 정도는 할 방법을 모색해 보자는 이야기입니다.

세상 모든 부모는 내 아이에게서 조건 없는 사랑을 받았습니다. 아이들은 지금도 자기를 불살라 엄마를 사람으로 만들고 있습니다. 다만 부모인 우리가 모르는 것은 아닐까요?

내 아이 누가 키울 수 있을까요?

백일 때 10kg인 아이를 키웠던 나는 5kg인 아이를 안으면 '이 몸무게 아이는 열도 키울 수 있겠다.' 하는 생각이 듭니다. 채소를 반기며 밥을 먹는 아이들을 보면 '이 집은 밥상 차릴 때 기쁘겠다.' 밤 9시 10시면 조용히 들어가 잠드는 아이들 이야기를 들으면 '그 부모들은 밤이 참으로 평온하겠다.' 등의 생각들이 옵니다.

그러면서 우리 집 아이가 그 집에 태어났다면 미움 참 많이 받았을 수도 있겠다는 상상도 따라옵니다. '그 까칠하고, 잠도 없고, 심하게 가려 먹던 아이 누가 키울 수 있을까? 그래! 나밖에 키울 수 없겠다. 내 아이니까.'

이런 내 마음을 아이가 읽었을까요? "엄마 나는 엄마에게 태어난 게 정말 다행이라고 생각해. 엄마니까 나를 이렇게 행복할 수 있게 해줬지." 이 말 한마디가 뭐라고 마음이 사르르 녹습니다.

다른 집 아이 부러워해도 내 것 되지 않습니다. 성질 더러운 엄마도 엄마라고 살살 녹는 이야기 날려주는 내 아이가 최고입니다. 왜냐고요? 그것이 '지금'이기 때문입니다. 그것이 나의 '현실'이기 때문입니다. 과거도 아니고 미래도 아니고 지금, 숨 쉬고 있는 이 찰나를 사랑할 수 있다면 아니 그냥 볼 수만 있어도 우주 최고의 축복입니다.

아이의 목소리가 들린다 해서 모두 듣고 있는 것이 아닙니다. 아이 모습이 보인다 해서 모두 보고 있는 것이 아닙니다. 아이에게 나오는 말이 모두 말 그대로가 아닙니다.

아이의 목소리에서 아이의 감정, 욕구 등이 느껴질 때 비로소 아이의 말을 들을 수 있는 상태가 되었다 할 수 있습니다. 프로그램된 내 생각의 필터의 안경을 끼고서는 절대로 제대로 된 아이의 모습을 볼 수 없습니다. 녹음된 대로 입으로 나오는 말이 아이에게 어떤 씨앗을 뿌리는지 알기 전까지는 제대로 된 말을 하고 있다 할 수 없습니다.

나를 포함한 대부분 부모가 눈뜬장님이며, 듣고 있는 귀머거리이며, 말할 수 있는 벙어리임을 알아채기만 해보십시오. 이 두 문장 안에 건강한 어른으로 자라게 하는 답이 들어 있습니다. 안되면서 하기만 한다면 반드시 그 답들을 찾을 수 있습니다.

평온하게 재우면 정말 아이의 인생이 바뀔까요?

부모가 싸우는 소리를 들으며 잠든 아이는 어떤 잠을 잤을까요? 두려움에 떨며 자는 아이는 어떤 잠을 잤을까요? 불안한 마음을 어쩌지 못하는 아이는 또 어떤 잠을 잘 수 있었을까요? 그 잠은 본인조차 모를 수 있습니다.

두려움에 떨며 아이들은 근육이 긴장하며 잠이 듭니다. 그 긴장이 반복되면 굳은 근육으로 고정되겠지요. 어깨가 굳을 수도 있고, 장기의 근육이 굳을 수도 있습니다. 그러면 물리적 병이 수반될 수 있는 요소를 안고 살아가게 됩니다. 이런 생각을 할 때 과연 두려움에 떨게 하며 아이를 재울 부모가 몇 분이나 있을까요?

'저절로 잠드는 동화'에는 마음의 이완을 돕는 '언어 명상' 문구들을 넣었습니다. 매일 읽어주면 더욱 좋겠지만, 그냥 한 번, 두 번이라도 시도해 보세요. 그것으로 이미 충분합니다.

'저절로 잠드는 동화'를 읽어 주면 그만 읽으라고 하는 아이도 분명 있습니다. 읽지 말라고 하는 것은 좋은 신호입니다. 아이가 저잠동의 언어 명상 느낌을 감지했다는 뜻이니까요. 마음에도 근력이 있습니다. 아이마다 근력은 저마다 다르기에 시간을 두고 자연스럽게 짧게 들려주세요. 잠잘 때 마음의 근육이 이완된 아이들은 경직된 아이와 분명 다른 인생의 선택을 합니다.

여러분은 대안이 있으십니까?

여러분은 괴로울 때 어떤 대안을 가지고 계십니까? 아니면 확실히 끝장낼 방법을 가지고 계십니까? 아이들이 내 맘대로 안 될 때는 또 어떤 대안을 가지고 계십니까? 저런 못난 놈하고 결혼 한 '내가 미쳤지'라는 생각이 올 때 어떤 대안을 가지고 계십니까?

짜고 치는 고스톱처럼 매일 밤 반복되는 잠자기 전 전쟁을 걱정하고 계신 분은 이떤 대안을 가지고 계십니까? 아이가 학교에 들어간 후, 하루가 멀게 선생님께 전화를 받고 계신 분은 어떤 대안을 가지고 계십니까?

정신 차려보니 아이가 거의 초주검 될 때까지 때리는 부모가 당신이라면, 여러분은 어떤 대안을 가지고 계십니까? 죽어도 안 먹는 아이가 내 아이라면 여러분은 어떤 대안을 가지고 계십니까? 죽어라 내 말을 안 듣는 아이가 내 아이라면 여러분은 어떤 대안을 가지고 계십니까?

원비가 수백만 원인 사립 유치원에 보냈는데, 한쪽 구석에서 혼자만 놀고 있는 아이가 내 아이라면, 여러분은 어떤 대안을 가지고 계십니까? 십 년이 넘도록 손톱을 물어뜯어서 손톱이 반 토막 난 아이가 내 아이라면, 여러분은 어떤 대안을 가지고 계십니까?

내 아이가 부모가 되어서 너무 불행한 부모가 된다면, 여러분은 어떤 대안을 가지고 계십니까? 몸은 비행기의 일등석을 타고 있으나 마음은 시궁창에 들어가 있는 사람이 내 아이라면, 여러분은 어떤 대안을 가지고 계십니까?

아이랑 놀면서 놀이가 언제 끝날지 시계에 자꾸 눈길이 머무는 당신이라면, 어떤 대안을 가지고 계십니까? 나만 못난 것 같을 때, 아니 진짜로 나만 못났다고 느껴질 때, 여러분은 어떤 대안을 가지고 계십니까?

대안 없어도 잘 살아왔고, 잘 살 수 있습니다. 다만,

사람의 공통점이 많겠습니다만, 마음의 공통점 하나를 들어 보겠습니다. 그것은 '마음 안의 장롱'입니다.

마음 안의 장롱에는 무엇을 넣어 두었을까요? 나만이 알고 있는, 남도 조금은 알고 있을 수도 있지만 대부분 나만이 알고 있는 마음의 상처, 신체의 상처에 대한 기억들을 장롱 안에 담아 두었습니다. 그리고 문을 닫아 두고 잘 살아왔습니다.

그런데 문제는 잘살고 있는데 장롱 안에서 냄새가 새어 나옵니다. 날이 갈수록 그 냄새는 더욱 심해지고, 아이를 낳은 후에는 더욱 심해지니 더 괴롭습니다. 장롱을 안 볼 수는 있겠지만 그곳에서 나는 냄새는 맡아야 합니다. 상처의 냄새를 없는 냄새라고 생각하며 잘 사는 듯 보일 수 있을지 모릅니다. 하지만 본인은 압니다. 그 냄새가 있는 한 냄새를 맡아야 한다는 사실을 말입니다.

방향제를 뿌려 그 냄새를 없애 보고자 하지만, 방향제도 얼마 가지 못합니다. 자, 이 상황에서 냄새를 맡지 않아도 되는 방법 아주 간단합니다. 장롱을 열어서 청소하면 끝입니다. 혹은 장롱을 통째로 버리면 끝입니다. 나만이 알고 있는 그것을 치울 수 있는 사람도 나밖에 없습니다. 내가 용기 내어 실천하지 않으면 신이 오더라도 그것은 어찌해 줄 수 없습니다.

육아가 힘든 이유의 원인은 그 마음 안의 장롱에 있습니다. 육아가 힘들지 않을 방법 무엇일까요? 내 아이의 고유한 빛을 볼 방법이 있긴 하는 것일까요? 당연히 그런 방법이 있습니다.

어떤 배짱이 있으십니까? 아이의 대운은 무엇일까요?

평범함을 평범함으로 살려 비범해지는 시대가 올지도 모릅니다. 까칠함을 고유하게 살려 까칠한 무리에게 평온함을 줄 수 있는 시대가

올지도 모릅니다. 가려 먹는 식습관을 살려 한 숟가락만 먹어도 하루를 살 수 있는 식품이 나올지도 모릅니다.

우리 아이들은 아무도 알 수 없는 미래를 살아갈 것입니다. 알 수 없는 미래에 대해 나는 이런 배짱을 가지고 있습니다. '내 아이는 아이 고유함을 살려 행복하게 살 수 있다. 왜냐하면 그 고유함을 비춰줄 엄마가 있기 때문이다.'

아이의 대운은 바로 엄마입니다. 대운인 엄마가 없는 사람들은 어찌해야 할까요? 내가 나의 대운의 엄마가 되어주면 됩니다. 고통이 막바지에 치달을 때 아이에게 소리 지르며 이런 이야기를 한 적이 있습니다. "나는 이만큼 했으면 다했다고 생각하니까. 나머지는 네가 커서 알아서 처리해라. 더는 못 해 먹겠다."

아이가 자라서 스스로 본인에게 대운의 엄마가 되어 줄 수도 있겠습니다. 그렇게 하려면 우리 아이가 나와 똑같이 살아야 합니다. 나와 똑같은 삶을 물려주고 싶은 부모님 손 한 번 들어보세요.

제가 만난 대부분 부모님은 이 이야기에 마음을 움직이셨습니다. 그렇게 자기 치유로 마음 리모델링한 분들은 모두 좋은 결과를 얻으셨습니다.

배짱 같은 건 어차피 나의 생각입니다. 다만,

그럼요, 그럼요. 배짱은 나의 생각입니다. 복잡하게 이런 거 저런 거 생각하지 않아도 행복하다면, 괴롭지 않다면 힘들고 외로워도 괜찮습니다.

그러나 나는 건너갈 수 없는 '마음의 부'를 축적하는 강을 건너오고 말았습니다. 사람들은 물리적인 부를 중요한 요소 또는 필요한 요소라고 생각합니다. 물리적인 부를 원하는 대로 마음껏 쥐락펴락하는 분은 거의 없습니다.

하지만 우주에서 내 맘대로 쥐락펴락 가능한 것이 딱 하나 있습니다. 바로 내 마음입니다. 바로 내 생각입니다. 물리적인 부는 자식에게 마음대로 물려줄 수 없지만, 마음의 풍요로움은 얼마든지 마음대로 물려 줄 수 있습니다.

풍족한 물리적 부를 물려준다고 해서 아이가 꼭 행복하지 않습니다. 하지만 마음의 부를 축적한 후에는 결코 마음이 빈곤했던 시절로 돌아갈 수 없습니다. 물리적인 부 따위는 비교도 할 수 없는 마음의 풍요로움은 무엇으로도 바꿀 수 없습니다.

어떤 돈벌이라도 3~4년 해서 갑부가 된다고 장담할 수 있는 것은 아무것도 없습니다. 하지만 마음의 부는 3~4년 '꾸준함, 진실함, 호기심' 세 가지만 가지고 하면 분명히 마음의 갑부가 될 수 있습니다. 이것이 나의 배짱입니다.

'배우 다니엘 헤니가 멋지지만, 우리 신랑 코가 다니엘 헤니보다 훨씬 잘 생겼다. 우리 신랑은 공유보다 훨씬 머리도 크다. 우리 신랑은 못생겼지만, 세상에서 젤 친절한 남자다. 우리 신랑 짜증은 잘 내도 발바닥이 정말 부드러운 사람이다. 우리 신랑은 10원을 벌든 100원을 벌든 아내에게 다 주는 것을 기쁨으로 생각하는 사람이다.'라고 자랑할 수 있는 배짱 있으십니까?

'아이고 저런 놈에게 무슨' 하는 생각이 들면서 문득문득 '내가 미쳤지.'라는 생각들이 덮칩니다. 그 생각에 사로잡혀도 나는 하고 또 합니다. 무엇 때문에 할까요? 내가 좋기 때문에 합니다. 나를 위해서 합니다.

나는 사랑, 행복이 무엇인지 잘 모릅니다. 다만 나는 이기적인 사람이기에 내가 편해지려고, 내가 좋아지려고, 내가 나아지려고 할 뿐입니다. '내가 미쳤지.'라고 생각하면서 꾸준히 하다 보면 어느 날 남편이 내 편이 되어서 내가 했던 이야기보다 더 멋지게 되돌려 줍니다. 반드시 그렇게 됩니다.

'내 딸은 진짜 잠이 없다. 내 딸은 받아쓰기 10점 받아와서 빵점 안 받아온 것이 얼마나 다행이냐고 한다. 우리 딸은 뭐 하나 선선히 엄마 말에 순종하는 것이 없다. 우리 딸은 어른에게 인사도 잘 안 한다. 성질머리는 나 닮아서 초특급 까칠하다.' 그런 지금 딸의 모습을 자부심에 가득 차서 자랑할 수 있는 배짱 있으십니까?

나는 처음엔 없었습니다. 그렇지만 난 이기적인 엄마이기에 내가 편해져 보려고 흉내라도 내 보았습니다. 그러다 보니 어느 날은 딸이 정말 그렇게 느껴지는 날도 왔습니다. 자랑스러운 날이 하루 이틀 늘어났습니다. 우리 아이가 어떤 모습이어도 자랑스럽고 사랑스러운 날이 점점 더 늘어나면서, 딸이 한 경연 대회에서 "엄마 3위로 아깝게 본선에 못 나가게 되었어." 말하는 날, 본선에도 못 나가더라도 3등과 3

이라는 숫자를 온 마음으로 사랑할 수 있는 마음으로 변해 있음을 알게 되었습니다.

그럼 누가 좋을까요? 내가 좋습니다. '본선에도 못 나가는 3등이 뭐야.'라는 엄마의 마음이 없어지니 아이는 덤으로 해맑아집니다.

여러분은 '나는 프레즌트(현재)가 정말 프레즌트(선물)야!'라고 자랑할 배짱 있으십니까?

마음 리모델링 4.

건물과 마음을 동시에 리모델링하다.

나는 국내 최초 '아이가 저절로 잠드는 동화'의 저자입니다. 나는 국내 최초 아이 방과 아이 잠을 동시에 연구할 수 있는 연구소 소장입니다. 이 부분은 아마도 세계 최초일지도 모릅니다.

나는 상담가이기도 하고 때로는 치유가도 됩니다. 그러나 상담자, 치유가도 마음 리모델링을 위한 도구일 뿐입니다. 그러기에 상담자, 치유가라는 명칭보다는 '마음 리모델링 전문가'가 더 정확한 표현이겠습니다. 저절로 마음 리모델링되는 전문가와 함께한다면 어떤 모습의 엄마로 변할지 기대가 됩니까?

아이에게 가장 좋은 잠은 어떤 잠일까요?

아이에게 가장 좋은 잠은 자고 싶을 때 자는 잠입니다. 밤 10시가 넘어도 잠이 오지 않는다면, 자정이 넘어도 잠이 오지 않는다면 그 잠은 안 자는 것이 맞습니다.

하지만 늦은 밤 아이 혼자 휴대폰을 보거나, 텔레비전을 보고 있다면 엄마가 평온하게 재워 주세요. 그럴 때 저절로 잠드는 동화가 필요할지도 모릅니다.

아이에겐 엄마 목소리로 불러주는 검둥개 흰둥개 노래 하나만으로도 충분합니다. 아니 노래 한 곡도 너무 많은 소리일 수 있습니다. 편안한 엄마 숨소리 하나만 있어도 좋을 수 있습니다.

문제는 우리 엄마들이 편안한 마음으로 있을 수 있느냐입니다. 어쩌면 편안한 엄마 숨소리는 너무 높은 기준일지도 모르겠습니다. 빨리 자라고 소리만 안 지를 수 있어도, 내일 걱정만 안 할 수 있어도 아이들에겐 충분할지도 모르겠습니다.

마음 리모델링은 무엇 때문에 해야 할까요?

건물을 리모델링하는 것에는 많은 이유가 없습니다. 건물이 낡았거나 용도가 바뀌거나 사용할 사람이 바뀌니 그냥 하게 됩니다. 건물은 예쁘고 멋지게 리모델링하면 모양새가 납니다. 자랑도 할 수 있습니다. 큰 비용도 소요됩니다.

하지만 마음 리모델링은 왜 해야 하는지 아니 필요성조차 느끼지 못하는 경우가 허다합니다. 무엇 때문일까요?

건물처럼 눈에 보이지 않기 때문입니다. 마음 리모델링 비용은 건물 리모델링 비용에 비하면 1/10, 1/100에도 미치지 못하지만, 그 가치를 대부분 잘 모릅니다.

건물은 시간이 지나면 낡습니다. 네, 그러면 또 고치거나 또 사면됩니다. 하지만 마음은 한 번만 고쳐 놓아도 매일 더욱더 새로워집니다. 그리고 그 마음이라는 것의 정체를 알게 됩니다. 그러면 멋진 집이 있어도 없어도, 명품 가방이 있어도 없어도 상관없게 됩니다. 내 아이가 그대로 느껴집니다.

아이가 소리를 질러도, 뒤집어지며 화를 내어도, 활짝 웃어도, 엉엉 울어도, 과자를 흘리고 다녀도, 잠을 안 자도 그 누구도 아닌 내 아이가 그대로 보입니다. 부모라면 딱 한 번만이라도 내 아이를 그대로 본다는 것이 무엇인지 경험해야 하지 않을까요?

몇 % 이익입니까?

다음 질문에 3초 안에 답해 보시기 바랍니다. 3초 안에 말이 나오지 않으면, 이익은 마이너스입니다.

내 아이에게 소리 지르면 무엇이 이익입니까?

내 아이에게 화를 내면 무엇이 이익입니까?

내 아이를 협박하면 무엇이 이익입니까?

내 아이를 다른 아이와 비교하면 무엇이 이익입니까?

내 아이에게 눈빛 따발총을 쏘아 대면 무엇이 이익입니까?

나보다 훨씬 작은 내 아이의 머리, 등, 종아리, 발바닥, 얼굴, 엉덩이를 때리면 무엇이 얼마나 이익입니까?

목이 터지게 우는 아이를 내버려 두고 다른 곳으로 가버리면 무엇이 이익입니까?

내 아이에게 내 아이 탓이라고 타박하면 무엇이 이익입니까?

말도 못 하는 어린아이를 남에게 맡기면 무엇이 이익입니까?

인사 안 하는 아이의 목을 강제로 숙여 인사시키면 무엇이 이익입니까?

잠이 안 와서 잠이 안 온다는 아이에게 협박해서 재우면 무엇이 이익입니까?

'예의, 규범, ~ 하니까, ~ 안 하면 나중에 ~ 할 거니까.'라는 가정들로 내 아이를 그대로 못 보고 있는 것은 아닐까요? 아이와 함께 있는 것이 답답하고 두렵고 짜증 나고 힘들고 무료하고 무기력해서 계산기를 아무리 두드려 봐도 이익될 것 하나 없는 행동들을 정당성을 가지고 하는 것은 아닐까요? 아이와 함께 하는 것이 너무 두려워서 설거지 뒤에, 청소 뒤에, 빨래 뒤에, 요리 뒤에, 일 뒤에 숨어 있는 것은 아닐까요?

아이가 태어난 그 순간부터 36개월 이전에는 나마저도 내 아이보다 중요하지 않습니다. 세상 무엇이 내 아이보다 우선순위가 될 수 있을까요? 만약 내 아이보다 우선순위인 것이 있다면 도대체 그 이유가 무엇인지 한 번쯤 짚고 넘어가야 하지 않을까요?

내가 가장 자신 있는 것은 무엇입니까?

내 일상 속에서 불편한 감정 없이 자주 하는 행동을 찾으면, 그 행동들을 더욱 강화해 보세요. 화가 나는 품목 말고 그래도 괜찮은 품목부터 아이와 함께 해보세요. 내가 아이를 키우면서 가장 편안한 품목은 책 읽어주기였습니다. 그때는 아이가 얌전했기 때문입니다.

현재 내가 제일 잘하는 것 한 가지가 있습니다. 바로 남편 자랑입니다. 남편 자랑 대회가 있다면 일등 할 수 있을 만큼의 실력이라고 자부합니다. 무엇 때문에 자부할까요?

확률로 파악했기 때문입니다. 보통 엄마이든 건축주이든 10분을 만나면 9~10분이 신랑에 대해 불편한 감정들을 이야기합니다. 남편 자랑하는 분 거의 찾기 힘듭니다. 남편 자랑을 잘하는 분이 없으니 일등 할 수 있는 확률도 높아지겠지요?

"신랑에게 화가 나서 신랑 얼굴을 보면 화가 풀린다." "왜?" "잘생긴 얼굴 보면 잘생겨서 화가 풀려."

이 이야기를 하면 벌레 씹은 얼굴들을 하면서 나와 이야기하기 싫어진다고 말합니다. 정말 나의 남편이 잘생겨서 멋져서 자랑하는 것일까요?

살아가다 보면 어쩔 수 없는 상황이라는 것이 자연스럽게 발생합니다. 육아가 힘들었던 이유 중 하나일지도 모르는 어쩔 수 없는 나의 현실, 혹은 상황, 혹은 사건들이 생깁니다. 아이를 키우던 어느 날 나의 상태를 보았습니다. 모든 상황이 불투명하고 모두 슬프게 느껴졌습니다. 참 슬펐습니다.

상황이 슬픈 것도 슬픈데 내가 나의 남편을 원망까지 하는 모습이 보였습니다. 내 삶이 일도 기쁘지 않았습니다. 내 삶이 최악이었습니다.

그때, 상황은 바뀌지 않아도 내 마음의 스토리텔링은 바꿀 수 있겠구나 하는 생각이 왔습니다. 그래서 아주 조금씩 남편의 좋은 모습을 찾기 시작했습니다.

무엇 때문이었을까요? 바로 '나 때문입니다.' 내가 조금이라도, 아주 조금이라도 행복해지기 위해서였습니다. 계산기를 두드려 보세요. 남편을 미워하고 원망하고 탓하면 내 삶이 마이너스입니다.

아무리 애써도 남편을 무조건 긍정적으로 보기란 어렵습니다. 하지만 남편의 장점을 애써서 꺼내기 시작하면 눈빛이 환하게 바뀌면서 끝나지 않을 것처럼 좋은 점들을 이야기하기 시작합니다. 남편의 좋은 점을 말하기 시작해 보세요. 그러면 당신은 그것을 눈치채기 시작합니다.

어차피 할 분만합니다. 안 할 분은 안 합니다.

내가 바뀌기 시작하니, 세상이 참 공평하게 느껴졌습니다. 그래서 종교도 없는 사람이 전도사처럼 마음공부에 대해 알려주기 시작했습니다.

그런데 다년간 그 일을 하면서 한 가지 깨달은 점이 있습니다. 하지 않을 사람은 정해져 있구나. 하지 않을 사람에게 아무리 마음 리모델링 이야기해도 들리지 않겠구나!

나처럼 아무것도 아닌 사람이 할 수 있는 일이니 세상 그 누구라도 할 수 있겠다고 생각한 것은 큰 착각임을 깨달았습니다. 반면에 마음 공부, 마음 리모델링 단어만 들어도 흥미를 느끼고 자꾸자꾸 물어 오는 분들이 있었습니다.

건물이나 마음이나 리모델링하려고 결심한 그때부터 시간의 차이일 뿐 누구나 리모델링할 수 있습니다. 내 아이를 잘 키우고 싶은 마음은 모두 같지만, 괜찮은 부모가 되기 위한 마음공부에 대한 이야기를 대하는 태도는 큰 차이를 보입니다.

나의 마음공부에 도움이 되어 주셨던 분들에게 감사하며 지냈습니다. 모두 그분들 덕분이라고 생각했습니다. 그러다 알게 되었습니다. 고마운 그분들을 선택한 사람은 바로 나였다는 사실을 말입니다. 당신은 아마 이 이야기가 무슨 이야기인지 알고 있을 것입니다.

사회생활을 시작하면서부터 나는 되는 방법들을 찾아야 했습니다. 안 되는 방법을 생각하는 것보다 되는 방법을 생각하는 것이 나에게 유리했습니다. 되는 방법들을 찾기 시작하니 되는 방법들이 찾아오기 시작했습니다.

육아도 죽을 것처럼 힘들어서 살 방법을 되는 방법을 구했을지도 모르겠습니다. 마음 리모델링에 관심 없는 분이라면 아직 살만해서 찾지 않을지도 모릅니다. 그러나 만약 당신이 마음 리모델링되는 방법을 찾을 수 있다면 어떻게 변화될지 상상해 보세요.

딱 하나면 충분합니다.

기회를 잡아서 순간 숨을 쉬고 있는 찰나를 한 번 느껴보세요. 그러면 지금에 점점 더 깊이 빠져들 것입니다. 일초도 안 되는 짧은 순간을 한 번 알아차려 보세요. 그 순간에는 딱 하나만 할 수 있습니다. 두 가지를 동시에 할 수 있는 것은 불가능합니다.

아이가 덤으로 좋아지는 부모 마음 리모델링은 딱 한 가지면 충분합니다. 당신은 아마 이런 사실을 알고 있을 것입니다. 가장 쉽고 간단한 방법을 알려드리겠습니다. 이 중 딱 하나만 선택하세요. 그리고 그냥 소리 내어 반복적으로 말해 보세요. 육아가 힘들 때 하면 더욱 효과적입니다.

내가 위에서 뭐라고 말씀드렸나요? 다음 중 딱 하나만 골라서 육아가 힘들 때 소리 내어 반복적으로 말해 보세요. 다시 말씀드리겠습니다. 다음 중 딱 하나만 골라서 아이 키우기가 힘들 때 소리 내어 반복적으로 말해 보세요.

내가 같은 말을 반복해서 말씀드리는 이유는 딱 하나입니다. 이 글을 읽는 분은 하실 수 있기 때문입니다. 할 수 있는 상태가 되었기에 이 책이 여러분과 인연이 된 것입니다.

나를 믿어 보세요. 믿음직한 당신 자신을 보세요. 그리고 딱 하나만 반복적으로 말해 보세요. 조금씩 당신은 변하기 시작할 것입니다.

딱 하나

일. 내 아이는 이대로 충분하다.

이. 지금 이대로 온전하다.

삼. 내 아이는 나를 닮아 지혜롭다.

사. 인생은 전부 다 만들어진 스토리이다.

오. 나는 반드시 내 아이(남편, 아내) 편이다.

육. 이것도 지나면 아름답다.

칠. 나에게 일어나는 일은 모두 좋은 일이다.

있잖아요, 아무것도 하지 않아도 내 아이에게 가장 좋은 사람은 엄마입니다.

아이들은 엄마가 가장 좋습니다. 엄마가 아무것도 하지 않아도 말입니다. 아무것도 하지 않아도, 딱 하나 '변하고자 행동하는' 엄마가 내 아이 엄마라는 사실은 아이에게 행복한 일 맞겠지요?

이미 우리는 아이에게 좋은 엄마임에도 불구하고 좋은 엄마가 되라고 말하는 것도 말이 잘 맞지 않습니다.

"엄마~, 나 똥 다 쌌어."

"엄마~, 나 배고파."

"엄마~"

내 아이가 나를 엄마라고 부를 때 어떤 느낌으로 부를지 상상해보세요. 내 아이가 어떤 마음으로 나를 엄마라고 불렀는지 기억할 수 있습니까?

"아이고야, 엄마 좀 그만 불러. 엄마 닳아 없어지겠다." 과거 한때는 정말 닳아 없어지고 싶었습니다. 만약 지금 이 마음 상태로 그때로 돌아간다면, 아이가 "엄마"라고 부를 때마다 '애정 통장에 사랑이 쌓이는구나.'라고 생각할 것입니다. 그런데 우리가 처음부터 엄마라고 불릴 때마다 애정 통장에 사랑이 쌓인다고 믿어 버리는 것은 어떨까요? 지금부터 그렇게 할 수 있습니다.

'최지혜꽃' 들어보셨습니까?

안녕하세요. 나는 최지혜꽃입니다. '최지혜꽃'이라고 키보드에 입력하니 오타라고 빨간 점선이 그어집니다. 최지혜꽃이라는 단어는 여기에 처음으로 만들어진 꽃 이름입니다.

최지혜꽃의 향기는 '엄마가 처음인 엄마가 모든 것이 힘들어서 며칠씩 씻지 못해 나는 땀 향기 조금, 내 아이의 엄마가 나라서 너무 미안해서 밤마다 소리 없이 흘리던 눈물 향기 한소끔, 내 아이가 이 아이임이 감사해서 하염없이 나오던 눈물 한 바가지, 내 아이가 내 아이 그대로 보였을 때 놀란 마음 향기'를 모두 가진 꽃의 이름입니다. 이 꽃의 수명은 정해지지 않았으며, 크기는 167cm이며, 무게는 무거운 여자 사람입니다.

최지혜꽃의 향기는 들을 수 있는 향기입니다. 그 향기는 이렇게 이

야기합니다. '세상 누구나 육아가 힘들 수 있어. 그래도 괜찮아. 내가
나를 보기만 하면 반드시 그 힘듦 끝낼 수 있단다.'

'세상 누구나 아이 재우기가 힘들 수 있어. 그래도 괜찮아. 네 아이
는 네 목소리로 평온하게 재울 수 있으니까. 그러면 조금씩 너는 변하
기 시작할 거야.'

그 향기를 듣기 시작하고 느끼기 시작하면 당신은 육아에 관해 점
점 더 좋은 느낌이 들기 시작할 것입니다. 지금부터 3년 후 평온한 당
신의 모습을 그려 보세요. 만약 당신이 평온할 수 있다면 어떻게 될
지 상상해 보세요. 여러분은 어떤 꽃입니까? 혹은 어떤 꽃이 되고 싶
으신가요?

우리 엄마가 당신의 손자, 손녀들을 보며 자주 들려주셨던 이야기
가 있습니다. "꽃 중의 꽃은 인간 꽃이 최고지. 인간 꽃이 젤 이쁘다.",
"재미, 재미 해도 인간 재미가 젤 재미지다."

우리는 우리의 부모님들 이야기로 프로그램된 꽃일지도 모릅니다.

그때까지 사용하다 보면 리모델링 다시 할 때입니다.

우리는 일어나지 않은 일에 대한 걱정 참 많이 하며 살고 있습니다.
건물 공사 때 심심치 않게 나오는 이야기 중 하나는 사후처리에 관한
것입니다. '이거 낡으면 어떻게 해요? 이거 고장 나면 어떻게 해요?' '
네. 그때까지만 사용하세요. 그러면 리모델링 다시 할 때입니다.'

'아휴! 그러면 애 버릇 나빠져서 못써요.' 일어나지 않은 스토리 쓰

지 마시고, 제발 버릇 나빠질 때까지 해보신 후에 버릇이 나빠지는지 좋아지는지는 그때 가서 결정 보셔도 절대 늦지 않습니다.

아이를 울리는 행동은 어떤 행동과 비슷한지 아십니까? 훈육이나 교육이라는 이름으로, 아이를 울리는 행동이나 뜻을 받아주면 버르장머리 없어질 것 같아 방치해서 울리는 행동은 아이의 발바닥을 바늘로 찌르는 것과 비슷한 행동임을 알고 울리시기 바랍니다.

말도 못 하는 아이의 고통을 어떻게 알 수 있냐고요? 몸이 기억해서 알려주기 때문입니다. 마음 리모델링을 진행하다 보면 그 성인의 유아기 때의 고통, 슬픔, 비참함 등이 얼마나 아픈지 적나라하게 펼쳐집니다.

내 아이를 합당한 명분이라는 이름으로 혹은 나의 프로그램대로 혹은 이집 저집 다 울리니까, 시어머니도 친정엄마도 내버려 두고 울리라고 한다고 내 아이를 더 막 울리지 마세요.

영유아의 울음은 말이라는 사실은 누구나 알고 있습니다. 아이가 목 터지게 말을 하고 있는데 엄마가 들어주지 않으면 그 아이는 어떤 에너지를 가지게 될까요? 어린아이는 울음으로 말을 하는 것입니다. 울면 3초 안에 달려가 아이가 무슨 말을 하고 있는지 세심하게 살펴봐 주세요.

우리 부모들 대부분이 들리면서 듣지 못하고, 보면서 보지 못한 상태이므로 세심하게 살핀다고 바로 들리고 바로 보이지 않을 수도 있습니다. 하지만 아이가 울면 3초 안에 달려가는 엄마는, 시간의 문제일 뿐 그대로 온전함을 느끼는 날이 머지않았습니다.

아이의 밤낮이 바뀌어도 괜찮습니다. 길게 가지 않습니다. 아이를 재우기 위한 저잠동(저절로 잠드는 동화)이 실은 그렇게 필요하지 않을 수도 있습니다. 아이가 졸릴 때, 자는 잠이 가장 좋은 잠이니까요.

그런데 무엇 때문에 저잠동을 만들었냐고요? 내일 출근해야 하는 엄마에게 밤도깨비 아이가 마냥 예쁠 순 없기 때문입니다. 늦은 밤까지 부모는 잠들고 아이 혼자 휴대폰을 넢 놓고 보고 있는 것보다는 언어 명상으로 평화롭게 재우는 것이 훨씬 유용하기 때문입니다. 아이가 잠투정을 장시간 해서 엄마가 괴물로 변할 확률을 낮추기 위해서입니다.

아이도 엄마도 어떻게 평화롭게 잠들어야 하는지 알지 못하기에 평화로운 방법이 있음을 알려 주는 것입니다. 저잠동 또한 도구일 뿐이기도 합니다. 아이가 평화롭게 잘 때까지만 사용해 주세요.

아이가 어릴수록 우는 아이를 그냥 두지 마세요. 그 행동은 아이의 발바닥을 바늘로 마구 찌르는 것보다 더 아플 수 있습니다

내 아이가 자라서 자신의 감정과 욕구가 무엇인지 정확히 알 수 있는 아이로 자라기 바라십니까? 그렇다면 아이가 태어나서 울기 시작할 때 모든 일 제쳐두고 3초 안에 달려가 안아 주세요. 그것도 반드시 꼭 말입니다.

그래도 나는 아이를 울려야겠다는 분이 계신다면, 아이를 울리기 전에 꼭 해야 할 한 가지는 마음 안의 장롱 청소입니다. 청소 후에 결정해도 늦지 않습니다. 마음 안의 장롱이 깨끗하거나, 그대로 있어도 괜찮아지거나 혹은 없애 본 경험이 있으신 분이라면 아이를 방치해서 울릴 수 없습니다. 왜 그럴까요?

우리 부모들은 계산기 두드리는 것 참 못하시는 것 같습니다. 울음을 온전히 받아주어야 할 땐 훈육이라는 이름으로 울리고, 아이가 충분히 울어서 마음의 찌꺼기가 남지 않아야 할 땐 뚝 그쳐! 라며 감정 찌꺼기를 아이 마음 안에 담아 두게 하는 비경제적인 육아를 하고 있습니다.

저도 과거에 사랑, 배려, 공감 그런 것 머리 아파 알고 싶지도 않았던 때가 있습니다. 그런데 계산기를 두드려 보니 제 때에 '사랑 나부랭이'를 해주지 않으면, 짧으면 몇 년 안에 길면 20년 안에 엄청난 대가로 돌아온다는 사실이 보이기 시작하니, 그 나부랭이들 안 하고 싶어도 안 할 수가 없었습니다. 똑같은 시간, 똑같이 주어진 몇 년이라면 이득이 남는 육아를 해 보는 게 좋지 않겠습니까?

태어나 백일도 안된 아이가 엄마 젖을 먹지 못해 배고파서 자지러지게 우는 것이 맞아야 할 이유가 될까요?

두 달 갓 넘은 아이가 배가 고파서 자지러지게 울고 있습니다. 배고

픔은 젖이 달래줄 수 있지 달랜다고 그 울음이 멈추는 것이 아니지요. 한 줌 거리도 안 되는 아이를 때린다고 해결되지도 않습니다.

어린아이가 배고파서 운다고 남자 어른의 손으로 얼굴을 맞습니다. 아장아장 걷고 있는 자기 아이의 뒷모습을 보면서 찰싹찰싹 소리 없는 느낌이 옵니다. 소리를 들을 때 느끼게 됩니다. '이 아이보다 어린 나이부터 나는 찰싹찰싹 여기저기 맞았구나. 그 이유도 아이라서 했던 행동들 때문에 이유 없는 이유로 맞았구나.'

그래도 지금은 괜찮습니다. 다만 그러한 '이야기'가 있을 뿐이지 그 이야기가 나를 어찌하지 못함을 밝게 볼 수 있기 때문입니다. 어떤 상황이 밝게 보이기 시작하면 그것은 더 아무런 힘도 발휘하지 못합니다.

밝고 어둡고 나는 그런 것 모르겠고, 아이는 맞아야 정신을 차리니까 때리고 계신 분, 사랑의 매는 꼭 필요하다고 생각하시는 분, 바른 습관을 잡아주지 않으면 이 아이가 자라서 잘 못 살 것 같은 불안감에 때리는 분에게 말씀드립니다.

그럼요. 나도 몇 년 전까지 정신이 나갈 때마다 아이의 머리채를 낚아채서 '공중 돌리기'도 해보고 '등짝 스매싱'도 해본 엄마입니다. 그뿐이었겠습니까? 선풍기도 두어 대 때려 부숴 본 엄마입니다. 아이를 키우면 정신이 오락가락할 때가 한두 번이 아님을 잘 알고 계실 것입니다.

소위 '갑질'로 유명한 J씨 일가의 뉴스를 보면서 알게 된 사실 한 가지가 있습니다. 폭력 죄 성립 조건이 생각보다 아주 작은 행동에도 성립된다는 사실이었습니다. 가위를 던지면, 물컵을 던지면 폭력죄가 됩니다.

그 뉴스를 보면서 한 가지 깨닫게 되었습니다. '어? 나도 폭력 죄가 성립되겠구나. 와~, 이 땅의 부모들은 대부분 폭력 전과를 가질 수 있겠구나.'

아이를 때리고 싶을 때 아이가 맞아야 하는 합당한 이유가 있다고 생각될 때, 잠깐! 아이의 키와 몸무게를 한 번 쓱 보세요. 적어도 어른이라면 내 몸 반의반도 안 되는 아이는 보살펴 주어야 하지 않을까요? 그 작은 아이가 사람을 죽였습니까? 그 작은 아이가 전치 몇 주의 폭력 전과를 가졌습니까? 부모의 분풀이로 아이를 때리는 것은 아닐까요?

배가 고파서 우는 아이를 무엇 때문에 때릴 수밖에 없었을까요?

여러분이 매일 언제 터질지 모르는 거인과 함께 지내는데, 거인이 언제 자신을 때릴지 모른다고 상상해 보세요. 거인이 때린 후 이런 말을 합니다. "너를 사랑해서 때리는 거야." 여러분은 거인의 매가 사랑의 매처럼 느껴지겠습니까?

영유 아아이에게 습관, 버릇을 대입할 때 내 마음은 평온한지부터 살펴 주세요.

말도 못 하는 어린아이의 바른 습관 중요하게 생각하십니까? '네'라고 답하신 분들에게 질문드리겠습니다. 바른 습관이라는 단어를 생각할 때 당신의 감정이나 기분 혹은 마음이 어떠십니까?

바른 습관 생각하면 마음이 평화롭거나 고요하십니까? 바른 습관 생각하면 마음이 풍요롭습니까? 마음이 평화롭지 않다면 바른 습관을 잡아주어야 할 것 같은 마음은 가짜입니다.

화나고, 불안하고, 슬프고, 무기력하고, 질투가 나고, 격양되게 기쁘고, 하늘을 둥둥 떠다니는 듯이 좋은 감정들은 모두 가짜입니다.

아이를 키우면서 가짜 감정들에 우리 자리를 내주고 아이를 키우고 있습니다. 가짜들과 대면하십시오. 부모라면, 엄마라면 그 가짜들이 가짜임을 봐버려야 합니다. 아주 간단합니다.

아이가 화나게 한다고 화내면 반드시 그 대가를 치릅니다. 하는 짓마다 소리 지르고 '안 된다, 하지 마.'를 입에 달고 육아하는 한 반드시 그 대가를 치르게 됩니다.

우리가 어릴 땐 부모가 없어도 동네 친구들과 온종일 놀 수 있었고, 친구가 없으면 들로 산으로 돌아다니며 자연과 함께 지낼 수 있는 환경이 되었습니다. 하지만 지금의 우리 아이들은 과연 어떻습니까?

저잠동 시리즈는 이렇게 변화하는 환경 속에서 아이들에게 명상 효과를 줄 수 있는 유일한 책일지도 모릅니다. 기존의 패턴에서 조금 자유로운 이야기들은 다친 친구의 손에 쑥을 찧어서 묶어 주었던 유연한 마음을 배울 수 있는 유일한 책일지도 모릅니다.

이 세상에서 가장 극한 직업이 무엇인지 아십니까? 바로 엄마라는 직업입니다.

중학생 조카가 우리 집 큰아이와 놀아주면서 어쩌지 못하는 표정으로 이모를 바라봅니다. 이모가 조카에게 말합니다, "이모는 그 아이와 같이 살기까지 하잖아." 그러자 조카가 말합니다. "엄마라는 건 참 극한 직업이네."

"아이 키우기가 제일 힘들어요.", "아이 키우는 것에 비하면 일은 일도 아니에요." 이 땅의 엄마들이 이구동성으로 하는 말입니다. 어머님들! 우리는 이 세상에서 가장 극한 직업을 선택한 것입니다. 이 극한 직업은 그만두고 싶다고 해서 마음대로 그만둘 수도 없고, 누가 대신 해줄 수도 없기에 더 극한 직업입니다.

위의 몇 단락을 적으면서 마음이 불편했습니다. 계속 마음이 불편한 이유를 찾아보니, 보고 싶지 않은 불편한 상황들을 생각하게 만드는 글들이었음을 알게 되었습니다.

그래서 저 부분들을 삭제하고 잘 재울 방법이나 적어야 하는 것은 아닌지 고민이 됩니다. '마음공부 10년 차도 불편한 이야기들인데, 과연 몇 분이나 공감할까?'라는 생각들도 나의 마음을 불편하게 하는 원인이 되었습니다.

하지만 아이를 평화롭게 재우기 위해선 한 번은 꼭 생각해 보고 가야 하기에 일단은 적어 봅니다.

우리 아이들이 우리에게 온 이유가 있을까요?

우리가 낳았으니 우리가 데리고 온 것일까요? 아이가 우리를 찾아온 것일까요? 이 아이는 나를 힘들게 하려고 나에게 온 것일까요?

어느 날 겨우 물 한 컵 가져다주는 엄마에게 둘째 아이가 말합니다. "엄마 힘들게 해서 미안해." 이 한마디 말에 정신이 번쩍 들었습니다.

아이 키우는 것 힘들지만, 꼭 정말 변함없이 힘들어야 할까?

너무 힘들던 어느 날, 거실에 놀고 있는 아이들이 보입니다. '내 키는 저 아이들보다 두 배 이상이 크고, 말도 잘하고, 가끔은 내 맘대로 소리 지르기도 하고 죄책감, 수치심, 불안, 두려움, 슬픔, 외로움 몇 종 세트로 골라서 폭탄 선물도 할 수 있는데, 저 아이들은 키도 작고, 발도 작고, 손도 작고, 목소리도 작고, 엄마가 주는 폭탄 선물이 진짜인지 가짜인지도 모르고 그대로 받고 살고 있구나.

내 힘듦이 1이라면 저 아이들은 10? 아니 100? 그 이상으로 힘들게 나와 살고 있다면, 내 힘듦의 횟수를 줄여야 아이들이 덜 힘들겠구나.'

아이들이 우리에게 온 이야기를 이렇게 만들어 보았습니다.

'우리 아이들은 도깨비 엄마는 사람 엄마로, 사람 엄마는 깨달은 엄마로 만들기 위해 나에게 온 것은 아닐까?'

아이들은 엄마를 사람 엄마로 만들기 위한 방패가 있습니다. 가짜 엄마가 한 말, 스킨십, 눈빛을 그 방패로 막아냅니다. 도깨비 엄마와 계속 지내다 보면 방패가 닳아 없어집니다. 그때는 아이들이 몸으로 막아냅니다.

몸으로도 안 되면 아이도 살아야 하기에 병이 들거나, 집을 나가거나, 자기를 탓하거나, 술, 담배, 게임 중독이 되거나, 말을 안 듣게 됩니다. 그렇게 되지 않게 하기 위해 우리 부모는 무엇을 해야 할까요?

마음 리모델링 5.

말, 손(스킨십), 눈빛 중 가장 빨리 바꿀 수 있는 것은 무엇일까요?

눈치채셨습니까? 바로 말이 가장 쉽습니다. 마음만 먹으면 한 달 안에도 바꿀 수 있는 것이 바로 말입니다.

저잠동은 말을 바꾸기 위한 도구이면서, 잠까지 평온하게 재울 수 있습니다. 말이 바뀌기 시작하면 손은 자연스럽게 바뀝니다.

때리면서 사랑한다는 말을 하는 부모는 없습니다. 협박하면서 사랑스러운 눈빛을 보내는 부모도 없습니다. 제일 빨리 쉽게 변할 수 있는 것이 말임을, 언어임을 기억해 주세요.

아이들을 평화롭게 재우기 위한 언어 명상 꿀 팁!

다음 문장을 한 번 비교해 주세요.

1. "빨리 자!"

2. "빨리 자고 싶어? 5분 후에 자고 싶어, 지금 자고 싶어?"

아래 문장도 비교해 보세요.

1. "내일 유치원 가야지. 어서 들어가서 자!"

2. "내일 유치원에 가는 날인데, 지금 자면 좋을까, 5분 후에 자면 좋을까? 아니면 10분 후에 잠이 올까?"

아이는 양육자의 말, 손(스킨십), 눈빛으로 프로그램된다고 위에서 말씀드렸습니다. 아이를 평화롭게 재우는 방법의 첫 번째는 명령어 대신 의문문을 주는 것입니다. 의문문으로 말해주면 머리에서 아이들이 잠을 선택하게 됩니다. 이유는, 명령문은 마음에서 거절할 수 있지만, 의문문은 거절할 수 없기 때문입니다. 이것은 우리 뇌가 문장을 받아들이는 원리에 바탕을 둔 과학적 방법입니다.

쉽게 말해, 무조건 '자야지'라고 하는 게 아니라, 의문문으로 해서 여러 개의 선택지를 주는 것입니다. '지금 잘래? 5분 후에 잘래? 불 끄고 잘래? 엄마랑 누워서 잘래?'라는 식으로 이야기하는 것입니다.

그러면 아이의 머리에서는 이 중의 하나를 선택하게 됩니다. 이것이 본래 노리는 반응입니다. 그런데 어떤 경우는 모두 거절하며, '엄마 지금 안 잘래, 5분 후에도 안 잘래, 엄마랑 누워서 안 잘래.'라고 말하는 경우도 있습니다. 이것 역시 문제가 되지 않습니다. 왜냐하면 위 문장을 말하면서 이미 '잔다.'는 단어가 여러 차례 아이의 뇌리에 들어갔기 때문입니다. 그런데 의문문이었고, 선택문이었기 때문에 아이의 마음은 '자기 싫어'라는 저항 의식 없이 '잔다.'는 개념을 그대로 받아들이게 됩니다. 아이의 머리에서는 잠을 생각하고 있는 것이지요. 그래서 계속 이런 식으로 문장을 만들어 말을 해 주면 쉽게 잠들 수 있습니다. 이것은 다분히 잠재 의식적, 무의식적인 기제입니다.

일상에서도 마찬가지입니다. 아이에게 물을 마시게 할 때도 비슷한 형식의 의문문으로 몇 개의 선택권을 주면, 성공할 확률이 높아집니다. 기억하세요, '의문문은 뇌가 거절할 수 없다.'

'지금 물 마실 거야? 반 컵 마실 거야? 아니면 엄마랑 건배하면서 마실 거야?'

그냥 한 마디로 명령하는 것과 위의 문장처럼 말하는 것에는 또 하나의 큰 차이점이 있습니다. 네, 바로 글자 수가 다릅니다. 글자 수와 평온하게 잠자는 것과 무슨 관계가 있을까요?

"빨리 자."라고 한번 말해 보세요. 마음이 어떠세요?

"빨리 자고 싶어? 5분 후에 자고 싶어? 지금 자고 싶어?" 라고도 한번 말해 보세요. 마음이 어떠세요?

문장 하나로 마음이 뚝딱 변하기 힘들 수는 있습니다. 하지만 선택할 수 있는 확률이 높은 문장으로, 단어 수를 늘리면서 말 해 줄 수 있는 부모는 본인과 아이의 마음 공간을 넓게 늘리는 작업을 하는 것입니다.

"빨리 자."는 부모의 마음을 확 축소합니다. 아이의 마음도 마찬가지입니다.

"빨리 자고 싶어? 5분 후에 자고 싶어? 지금 자고 싶어?"는 부모의 축소되려는 마음을 확장해 줍니다. 부모 마음의 여유는 몸의 이완으로 연결됩니다. 아이의 마음에도 그렇게 작용합니다.

아이를 평화롭게 재우는 꿀 팁 첫 번째는 의문문과 선택문의 사용입니다.

더 많은 꿀 팁이 궁금하시다면 네이버 카페 아이잠연구소로 오세요.

아이들은 어른들의 시간으로 키울 수 없습니다

애초에 우리 어른들은 불가능한 것을 시도했을지도 모릅니다. 바로 어른들의 시간입니다. 조금 깊이 들어가 보면 어른들의 기다림의 고통일 수도 있겠습니다. 특히 한국 사람들은 빨리 빨리의 대명사입니다. 그 대명사를 아이들에게 적용하면 아이들도 어른도 너무 고통스럽습니다.

'아이들이 신발을 신는 그 시간은 늦지도 빠르지도 않은 시간입니다. 아이들이 먹고 싶을 때는 늦지도 빠르지도 않은 시간입니다. 아이들이 잠드는 그 시간은 늦지도 빠르지도 않은 시간입니다.'라는 스토리를 엄마가 만들어 보면 어떨까요?

우리 아이가 하는 모든 것이 좋은 길로 향하는 길이라는 이야기를 한번 만들어 보면 어떨까요? 만약 그것이 잘 안 된다면 될 수 있는 스토리를 먼저 만들어 보세요. 스토리가 우리를 지배하게 하지 마시고 우리가 스토리의 주인이 되는 것입니다.

아이에게 거의 매 순간 고함이 저절로 튀어나오던 시절이 있었습니다. 그럴 때 아이에게 소리 지르고 있는 나를 알아차리니 스토리가 써졌습니다.

'너, 네 자식에게 그렇게 소리 질러서 네 자식 학교 가서 왕따 당해도 그렇게 고래고래 소리 지를래?', '너, 네 자식에게 괴물 같은 모습 자주 보여서 너처럼 미친 아이들에게 맞고 다녀도 너 계속 그렇게 할래?'

암요. 당장 고쳐지지 않습니다. 징글징글하단 소리를 수십 번 아니

수백 번 정도 내뱉어도 잘 고쳐지지 않더군요. 숨이 딱 멎을 것 같을 때 아주 조금씩 티도 안 나게 아주 조금씩 고쳐졌음을 시간이 많이 흐른 후에 알게 되었습니다. 하지만 결국은 고쳐졌습니다. 이것이 중요합니다. 무의식적으로, 자동으로 나도 모르게 되풀이하면 절대 변하지 않습니다. 무의식적으로 하던 생각과 행동을 '의식화' 하면, 그러면 시간이 걸릴지언정 반드시 바뀌게 되어 있습니다. 이것이 의식화의 힘, 알아차림의 힘입니다.

변화의 시작은 나를 알아차리고 선 기능으로 갈 수 있는 스토리를 만들어 보는 것입니다.

간단한 스토리 만들기 시작 방법

나 자신을 포함한 많은 분을 만나면서 한 가지 알게 된 것이 있습니다. 사람은 쉽게 변하지 않는다는 사실이었습니다. 참 암울했습니다.

반면에 희망적인 사실도 알게 되었습니다. 마음공부고 마음 리모델링이고 그런 말 잘 몰라도, 다만 내가 할 수 있는 간단한 한 가지를 시작하면 그 행동이 마음에 실금을 만든다는 사실이었습니다. 실금 하나만 생기면 그 틈으로 내 안의 힘들이 나오기 시작합니다.

왜냐고요? 간단한 행동 하나를 했기 때문입니다. 그 행동은 다른 행동 하나를 더 할 수 있는 에너지원으로 사용될 확률도 높아지기 때문입니다. '행동의 힘'은 이렇게 위대한 것입니다.

마음의 실금 만들기 방법은, 일단 '단어 하나만 바꿔보기'입니다. 예를 들어보겠습니다. "아이고 내가 너 때문에 못 살아." -> "아이고 내가 너 때문에 잘 살아." 간단하고 쉽습니다. 화난 말투 화난 표정 모두 그대로 하면서 '못'을 '잘'로 바꿔 말해 보세요. 이상하게 기분이 좋아집니다.

"도대체 커서 뭐가 되려고 이 모양이니?" -> "도대체 커서 큰 사람 되려고 이 모양이니?"

"방이 아니라 돼지우리다." -> "방이 돼지우리니 면역력은 좋아지겠다."

"정말 징글징글하다." -> "정말 징글징글한 만큼 네가 좋다."

"너는 왜 이리 자주 아프니." -> "너니까 이 만큼 밖에 안 아프지."

"감기 걸려도 나는 모른다." -> "이놈의 자식. 감기 걸리면 엄마 마음이 아파."

"집이 이렇게 난장판으로 만드는 네가 앞으로 뭘 하겠니." -> "집을 이런 난장판으로 만들다니, 너는 뭘 해도 잘하겠다."

"무슨 잠을 그렇게 오래 자니. 그 시간에 공부해." -> "잠을 그렇게 오래 자는 걸 보니, 너는 세상을 평화롭게 만들겠다."

책에 올리기에 적합하지 않은 단어지만, '주둥이'를 바꾸면 반드시 '마음'이 바뀝니다. 입이 아닙니다, 주둥이입니다. 폭폭(답답하다는 사투리) 하고 화난 그 상태 그대로 특정 단어만 바꿔보세요.

이 글을 읽고 계신 분이라면 누구나 하실 수 있습니다. 그 사실은 여러분이 더 잘 알고 계실 것입니다.

작심 3일이 마음 리모델링하기에 알맞은 기간입니다.

아이가 어릴 땐 우리 아이 언제 자라나 싶어 지나가는 큰 아이들이 눈에 쏙쏙 들어오고, 아이가 커서 말까지 안 듣게 되면 어릴 땐 그렇게 예뻤던 과거의 아이를 그리워하며 우린 '지금'을 놓치면서 아이를 키우고 있습니다.

"소장님, 아이에게 잘해야지 결심하고 실천해 보지만 작심 3일 만에 번번이 실패합니다."

"어머니, 좋은 부모는 작심 3일이면 충분합니다. 어머니는 시작하셨기에 작심 3일이라는 말씀도 하고 계신 것입니다. 다시 결심하고 3일 만에 그만두게 되고, 다시 결심하고 3일 만에 그만두면서 그렇게 하시면 됩니다."

"아, 그럴까요?"

"저는 아이에게 다짐한 것 3일은 고사하고 반나절도 못 지켰습니다. 작심 3일은 좋은 소식입니다."라는 말을 많이 해 드립니다. 말이 뭐라고 그 말로 다시 3일을 하게 됩니다.

"제가 잘못 읽어주어서일까요? 저잠동(저절로 잠드는 동화) 읽어 줘도 아이가 잘 안 자요."

"저잠동을 읽어서 아이가 뚝딱 잠들기를 바라시는군요."

"아... 네.... 그걸 바란 것 같아요."

"아이들은 엄마의 마음을 귀신보다 더 잘 파악하고 있습니다. 아이들은 어른들처럼 필터가 많지 않기 때문에, 오감 육감으로 엄마를 느끼고 있습니다. 입은 책을 읽어주고 있지만, 마음은 이 아이가 어서 자기를 바라기 때문에 아이가 그것을 감지한 것이지요. 다음엔 엄마 마음을 조금 편안하게 하시고 읽어 주세요. '잠자도 되고 안 자도 된다.'는 마음을 가져 보세요. 그러면 오히려 아이가 더 일찍 자게 된답니다."

"아이가 책을 못 읽게 해요."

"좋은 소식입니다. 아이가 책의 명상효과를 느꼈기 때문입니다. 한두 문장 읽어주기부터 시작해서 점차 늘려 보세요."

"오~ 신기해요. 아이가 쉽게 잠들어요."

"아이랑 평소에 이야기를 같이 많이 나누거나 책을 많이 읽어 주시나요?"

"그렇게 하려고 노력하죠."

"아, 그래서 아이가 좀 더 쉽게 잠을 자게 된 것이네요."

제일 극한 직업인 엄마라는 직업을 가지고 아이를 선 기능으로 키우기 위해 특근까지 하는데, 몇 퍼센트의 엄마들이 3일 이상 계속할 수 있을까요? 그러니 하면서 쉬면서, 가면서 쉬면서 꾸준히 하시면 좋은 일이 생깁니다.

나의 까르마(습관)대로 아이를 키우지 않으려는 실천은, 수행하는 것보다 몇 곱절 어렵습니다. 하지만 그 열매는 훨씬 값집니다.

무엇 때문에 부부 사이가 좋아야 할까요?

몇십 년을 함께 산 나를 누가 제일 모르는지 아십니까? 바로 나입니다. 내가 나를 가장 모릅니다.

내가 얼마나 사람 질리게 하는지, 내가 얼마나 큰 것을 배우자에게 바라는지, 내 성격이 얼마나 까칠한지, 내가 얼마나 장점이 많은 사람인지, 장점만큼 단점이 얼마나 있는지 내가 나를 제일 모릅니다.

혹시 주변에 나를 싫어하는 사람이 있으면 그분에게 한 번 물어보세요. "나란 사람과 같이 이불 덮고 살 수 있으세요?"라고 말입니다.

다른 사람은 단 하루도 살지 못하는 '나'와, '그 자식'이라 불리는 그분은 나랑 몇 년 혹은 몇 10년 넘게 살고 있습니다. 그럼 그놈과 사는 나는요? 그럼요, 그럼요. 그놈 데리고 잘 살 수 있는 사람도 나뿐입니다.

그놈 다른 사람과 살면 여기보다 미움 더 많이 받을지도 모릅니다. 그러니 불쌍히 여기는 마음으로 이왕 살아야 하는 그 사람에게 부드러운 스토리를 만들어 생각해 주세요.

예를 들면, 나는 담배 연기 냄새만 맡아도 힘들던데, 너는 그 독한 담배까지 일부러 마시며 사느라고 애쓴다. 나는 술 마시지 않아도 사는 것이 녹록지 않은 데 너는 그 독한 술까지 마시면서 사느라 애쓴다.

나는 하룻밤만 설쳐도 일주일이 힘든데, 너는 새벽까지 잠 안 자고 다음 날 일 하러 나가느라 정말 애쓴다.

아버님들!

남편이 봐주는 줄도 모르고 아내들이 앵앵거리는 모습 참 예쁘지 않습니까? 거기에 귀엽기까지 합니다. 누구 이야기냐고요? 아내가 너무 예뻐서 혹은 그놈의 술 덕분에 선택한 내 아이 낳아준 그 사람 이야기입니다.

이런 생각은 미치지 않고는 할 수 없는 것이라는 분도 계셨습니다. 그럼 한 번 3일만 미쳐 보세요. 할 만합니다.

만약 미쳐야 할 수 있는 생각이라면 나는 지금 몇 년째 미쳐 있습니다. 제정신보다 미친 것이 훨씬 제 삶이 풍요로워진다면 미치지 않을 이유가 있을까요?

그리고 전자가 미친 것인지 후자가 미친 것인지의 기준은 누가 잡은 것일까요? 여기에 절대적인 기준은 없습니다. 그러므로 우리가 정하면 그게 기준이 됩니다. 이 점을 기억하세요.

그리고 부부는 어째서 사이가 좋아야 할까요?

우리 아이들의 근원이기 때문입니다. 아이들의 뿌리이기 때문입니다. 아이의 근원인 아빠를 욕하는 엄마 밑에서는 건강한 아이가 자라기 힘듭니다. 근원이 욕 듣는 사람이니까요. 엄마를 욕하는 아빠 밑에서도 건강한 아이가 자라기 힘듭니다. 근원인 엄마가 욕 듣는 사람이니까요. 육아가 힘들다면, 우리들 부모님들은 아이가 보는 앞에서 서로 어떻게 대했는지 반드시 짚어 보세요.

우리 아이들 자존감 이야기 참 많이 합니다. 아이들의 진짜 자존감은 아이들의 근원인 배우자의 자존감을 제대로 지켜주고 살려주는 것입니다. 서로 지켜주고 만들어 주는 배우자와 나의 자존감이 아이의 자존감이 됩니다.

모진 엄마 가짜 엄마를 멈출 수 있는 유일한 사람은 누구일까요?

바로 진짜 엄마입니다.

내 아이에게 협박하고 화내고 조건 걸고 무시하는 모진 엄마인 나를 멈출 수 있는 사람은 오직 나뿐입니다.

내 안의 가짜 엄마에게 당당히 진짜 엄마의 모습으로 용기 내지 않으면 아이들은 가짜들이 진짜 엄마인 줄 알고 그대로 보고 배우며 끝도 알 수 없는 고통으로 가게 됩니다. 아이에게 유일하게 물려줄 수 있는 유산은 진짜 엄마를 엄마 자리에 앉히는 것입니다.

아이의 문제 행동은 오직 건강한 말과 스킨십과 눈빛으로만 바꿀 수 있습니다.

마음공부를 하면서 의문 하나가 왔습니다. 다들 훈육하고 때리는데 왜 아이들 상태는 더 나빠지고 아이 키우기는 힘들다고만 할까? 그렇다면 지금까지의 방법들이 과연 맞는 것일까?

기존의 방식대로만 계속한다면 나도 힘들고 내 아이 상태도 더 나빠질 수도 있겠다는 느낌이 왔습니다. 그래서 나만의 방식을 만들어 실천해 보았습니다.

그 방식의 기본 마음은 '아이가 어떤 상태여도 사랑하기'입니다. 잘 안됩니다. 아주 안 됩니다. 그래도 해보았습니다.

둘째 아이가 누나에게 바보 멍청이라는 말을 한참 하던 때가 있었습니다. 그래서 게임을 시작했습니다. 게임의 규칙은 '바보 멍청이라는 말을 하면 그대로 멈추고 엄마와 뽀뽀하기'였습니다.

밥을 먹다가도 그 단어가 나오면 "어? 엄마랑 뽀뽀 타임 쪽!", "어? 멍청이~ 엄마랑 뽀뽀 타임 쪽쪽!"

이러면 더 하지 않느냐고요? 똑똑하시네요! 맞습니다. 아이는 더 합니다. 귀는 쫑긋 입은 쪽쪽 아주 바빠집니다. "와~ 바보네". "엄마랑 뽀뽀", "와~ 멍청이다". "엄마랑 뽀뽀".

아이는 그 말을 더 많이 합니다. 그리고 더 많이 할 때마다 뽀뽀를 더 많이 하면 반드시 멈추게 됩니다. 무엇 때문일까요?

아이의 부정적인 행동이나 말이라는 기준은 대부분 어른 기준일 가능성이 큽니다. 아이의 부정적인 행동에 우리 부모들은 어떻게 행동하십니까? 싸우는 아이들에게 어떻게 대하십니까? 울고 있는 아이들에게 어떻게 대하십니까? 우리 아이들은 어른들이 부정적으로 물려준 것을 그대로 하고 있을 뿐입니다.

부모님들! 아이들의 부정적인 행동을 영원히 멈추게 하는 것은 오직 엄마의 건강한 말, 손, 눈빛 세 가지임을 명심하시기 바랍니다.

아이들이 선 기능으로 갈 수 있는 에너지가 100%라고 한다면, 집에서 최소 51%는 만들어서 밖에 나가야 선 기능들을 끌어당길 힘이 생깁니다.

무슨 뽀뽀입니까? 때리면 당장 멈추는데요.

중2 여학생의 폭력 사건이 뉴스에 나옵니다. 같은 또래를 때리면서 "'피 튀니까 더 신난다.'라며 폭력 하기까지 그 아이는 어떤 환경에서 성장했을까요?

그 아이가 옳고 그름의 이야기를 하는 것이 아닙니다. 도대체 그 여학생은 어떤 성장기를 가졌기에 그런 행동을 아무렇지 않게 할 수 있었을까요?

그 뉴스를 보면서 놀라고 무섭다고까지 말하는 부모님들 많았습니다. 하지만 내가 무심코 아니면 훈육이라는 이름으로 사랑의 매라는 이름으로 아이를 때리는 그 매가 그런 결과로 돌아올 것이라는 생각은 대부분 하지 못합니다. 어쩌면 애써 외면하고 싶은 부분이기도 합니다.

애써 외면하고 싶은 이유는 뭘까요? 그 이유는 내가 나를 제일 모르기 때문입니다.

내가 어떤 상태인지 모르고 육아하고 내가 하는 행동이 어떤 결과를 가져올지 모르고 육아하고, 내가 아이에게 하는 말들이 어떤 형태로 아이에게 프로그램되는지 모른 체 아이를 키우고 있으십니까?

다 자라서 엄마가 된 엄마들이 자신의 엄마에게 듣고 싶은 말이 무엇인지 아십니까? 아주 간단하고 쉬운 말들이었습니다.

"엄마가 그렇게 해서 미안해.", "잘 자라 줘서 고마워.", "엄마가 우리 딸 많이 사랑해."였습니다.

부모에게 미안해, 고마워, 사랑해 이 세 단어가 무엇이기에 그토록 듣고 싶은 말일까요? 세 마디를 듣지 못해 그 사람 인생 내내 고통스럽고 아이 키우기가 너무 힘든 그 사람이 나는 아닐까요?

아이는 대충 막 키워야 할까?

네, 아이는 대충 막 아무렇지 않게 키워야 합니다. 그렇게 키우려면 부모부터 커야 합니다. 조금 듣기 좋은 말로 '성장'해야 합니다.

그런데 부모들은 과연 성장하고 있을까요? 어떤 분들은 아이의 성장과 함께 화의 회수도 성장하고, 어떤 분들은 아이의 성장과 함께 회유와 협박 회수도 성장하기도 합니다. 일어나지 않은 미래 일을 아이에게 대입하는 횟수도 크게 성장합니다. 각자의 방식으로 성장하고 있음은 분명합니다. 그 부모 밑에서 아이는 계속 자랍니다.

아이들 다 성장시킨 어머님들에게 "아이가 어릴 때로 돌아간다면 어떻게 하시고 싶으세요?"라는 질문을 드리면 비슷한 답들이 돌아옵니다.

"지금 생각하면 아무 일도 아닌데, 왜 그땐 그렇게 아이에게 소리를 질렀는지 모르겠어요. 지금 생각하면 별일 아닌데, 왜 그렇게 아이를 때렸는지 모르겠어요."

저분들이 말하는 그때는 바로 어린 자녀를 둔 나의 지금이지 않을까요?

우리 아이들 막 키우자고 한다고 막 키우실 우리 어머님들도 아니고요, 잘 키우자고 해서 잘 키우실 어머님도 아닙니다. 본인의 신념대로 아이를 키우실 어머님들이지요.

우리 신념 딱 하나만 공통으로 가져보는 것은 어떨까요?

그 신념은 바로 '건강함'입니다.

아이를 울리더라도 그 기준은 '건강함'인 것입니다. 아이를 훈육하더라도 그 기준은 '건강함'인 것입니다. 아이를 때리더라도 그 기준은 '건강함'인 것입니다. 아이를 사랑할 때마저도 '건강함'을 중심에 놓는 것입니다.

우리가 육아라는 미적분을 배우는 과정이라면 이 책에서는 이제 더하기 빼기를 시작한 수준입니다.

이 책은 아이를 이제 막 키우기 시작한 처음 엄마에게 적합한 수준으로 맞추었습니다.

아무리 뛰어난 수학자라도 더하기 빼기를 할 수 없는 수학자는 없습니다. '좋은 부모'란 참 간단할지도 모릅니다. 아이에게 무엇을 더하고 무엇을 뺄 것인가? 이 또한 그 아이들의 부모만이 선택할 수 있습니다.

왜? 무엇 때문에? 내가 해야 해? 내가 해야 하냐고?

마음 리모델링 중에 소리 없는 눈물을 흘리며 어느 분이 물었습니다. "이 짓을 왜 나만 해야죠?" 마음의 장롱을 청소하며 어느 분이 물었습니다. "이렇게 사는 것도 너무너무 억울한데 왜 나만 매번 힘들게 해야 하죠?"

답은 아주 간단했습니다. 예쁘니까요.

마음 리모델링은 예쁜 사람이 하는 것입니다. 조금 더 아는 사람이 먼저 하는 것입니다. 조금 더 큰 사람이 하는 것입니다. 조금 더 용기 있는 사람이 하는 것입니다.

그러면 내 아이가 덤으로 좋아지니까요. 내가 엄마여서, 의무로 먼저 하는 것이 아니라 일정한 시간을 투자하면 내가 편해지니 하는 것입니다.

한 사람의 인생은 결코 뚝딱 바뀌지 않습니다. 하루하루 일상이 모여 한 사람의 일생을 결정합니다. 어제와 같은 오늘을 살면 내일이 바뀌지 않습니다. 그것도 절대로 말입니다.

미래를 바꾸고 싶으면 '지금'을 바꿔야 합니다.

마음 리모델링하시는 분들에게 가끔 농담 반 진담 반으로 드리는 말씀이 있습니다. "이렇게 예쁘신 분이 마음마저 예쁘게 만드시는 건 반칙이에요. 우리 리모델링 접죠. 부러워서 더는 못하겠습니다."

"댁의 사모님은 전생에 세계의 평화라도 지키셨나요? 00님의 가족 사랑 눈이 부십니다. 부러워서 오늘 잠은 다 잤습니다. 마음 리모델링 못 하게 환급 처리하겠습니다."

예쁜 집에 사는 분들이 행복하기까지 하면 마음이 참 따뜻합니다. 나도 사람인지라 얼굴도 예쁜 분이 마음마저 예쁘면 부럽습니다. 여러분은 남들을 부러워하시겠습니까, 남들의 부러움의 대상으로 계시겠습니까?

처음 엄마를 위한 육아 꿀 팁! 그러나 맛은 절대 달지 않습니다.

사람이 되기 위해 사용되는 마음의 영양소는 이렇게 만들어집니다.

"옹알옹알", "응 그래 엄마야.", "엄마!", "응!", "엄마", "오이", "엄마", "어", "엄마", "그래", "엄마", "왜 자꾸 불러.", "엄마", "하루에 백만 번은 엄마를 부르나 보다. 엄마 닳아 없어지겠네."

아이들은 "엄마"라고 불렀을 때 돌아오는 말로 마음에 필요한 영양소를 만듭니다. "엄마"를 불렀을 때 되돌려 주는 언어를 코셔 인증으로 줄 것인지, 유기 인증으로 줄 것인지, 되는대로 줄 것인지, 아무것도 줄 수 없을 것인지는 각자의 선택입니다.

아이는 정해진 시간 없이 엄마의 손으로 마음에 필요한 영양소를 만듭니다. 젖 먹여 주는 손, 밥 먹여 주는 손, 대소변 갈아주는 손, 따뜻하게 안아주는 손, 볼을 만져주는 손, 등짝 스매싱을 날려주는 손, 하지 못하게 잡아끄는 손, 아이를 밀어내는 손, 아이를 지적하는 손 등이 있을 때, 손 또한 코셔 인증으로 줄 것인지, 유기 인증으로 줄 것인지, 되는대로 줄 것인지, 아무것도 줄 수 없을 것인지도 각자의 선택입니다.

아이들은 엄마의 말과 손과 더불어 엄마의 눈빛으로 마음의 영양소를 만듭니다. 눈빛은 그 자체로 강렬하지만 내가 나의 눈을 볼 수 없기에 말이나 손보다 더 본능적으로 전달할 가능성이 높습니다. 아이에게 행복한 감정을 느낄 때 엄마 눈을 한 번 보세요. 아이에게 화가 날 때도 엄마 눈을 한 번 보세요. 그중 무엇을 선택할지도 각자의 몫입니다.

아이는 엄마의 말, 손, 눈빛으로 프로그램됩니다.

아이가 어릴수록 아이가 울면 3초 안에 달려가세요.

태어나서 아이가 울면 3초 안에 달려가세요. 아이와 엄마의 첫 단추입니다. 이유가 궁금해도 달려가 보면 알게 됩니다. 먼저 행동한 후에 궁금해도 충분합니다.

아이가 슬퍼서 울면 충분히 울게 해주세요.

아이가 걷기 시작한 후 우는 울음은, 엄마가 달래주며 충분하게 울게 배려해주세요.

아이에게 충분한 시간은, 내가 화가 나서 아이에게 "뚝 그쳐!" 말 하고 싶은 그 시간 더하기 10분입니다. 울음은 아이의 감정 찌꺼기입니다. 마음 안에 담아두게 할 이유가 없지요. 입으로 다 뱉어내게 해주세요. 그래도 더 길게 우는 아이가 있을 것입니다. 그 이유는 1:1로 문의해 주세요.

4살까지는 아이가 법이고 답입니다.

4살 이전의 아이에게 훈육과 습관 절대로 대입하지 마세요. 간절히 부탁드립니다. 마음의 영양소가 충분히 채워진 후에 훈육과 습관 대입해도 늦지 않습니다. 마음 영양소가 채워지기도 전에 훈육, 습관 잡는 것에 영양소를 써버리면 어린 나이에 마이너스 통장을 선물 받는 것과 같습니다. 마이너스 통장 그 이후의 스토리는 각자 생각해 보세요.

'저잠동'과 친하게 지내세요.

오늘을 넘기기 전에 먹어야 할 마음 영양소들이 있습니다. 한 끼로 세 끼를 대신할 순 없겠지만, 마음 영양소가 풍부한 '저잠동'을 자기 전에 그냥 읽어 주세요. 잘 먹은 아이들은 더욱 건강해질 수 있습니다. 낮에 엄마와 떨어져 있어야 하는 아이들은 마음 영양소를 챙길 수 있는 시간이 됩니다.

"어, 응, 그래" 단어부터 세팅합시다

빠르면 아이가 기어 다닐 때부터 아이에게 시작하는 말이 있습니다. 바로 "아니. 아니다." 그리고 "안 돼, 안 된다."입니다. 우리 아이들은 엄마라는 단어보다 '아니, 안 돼'라는 말을 더 많이 듣고 자라는지도 모릅니다.

엄마들의 '아니'를 진실하게 풀어봅시다.

"아니 안 돼. 그거 만지지 마." = "네가 그거 만져서 떨어지면 내가 치워야 하니까 하지 마. 내가 너무 힘들어."

"안 돼 안 돼." = "네 몸도 못 가누면서 돌아다니고 만지면 내가 너무 힘들어. 그냥 가만히 있어."

"아니 이게 뭐야." = "토마토를 으깨서 옷에 바르면 토마토즙도 안 빠지고 그거 빨려면 너무 힘들어. 다신 하지 마."

처음 어머님들 '아니' 대신 '응, 그래'라는 말로, '안 돼' 대신 '어, 그래'라는 말을 의식적으로 세팅하세요. 아이가 자라서 공감 대화, 비폭력 대화 시도할 때 저절로 됩니다. 첫 단추부터 '어, 그래' 장착하신 분들은 공감 대화, 비폭력 대화보다 더 멋진 대화를 하고 계실 수도 있습니다.

옛날 말에 똥도 버릴 것이 없다는 이야기가 있습니다.

아이의 대소변이 더러운 것이라고 굳이 말로 표현하지 말아 주세요. 기저귀 갈 때, 기저귀 뗄 때 '아이 창피해'라는 말도 참아 주세요. 말 참는다고 모를 아이들도 아니지만, 엄마가 말하지 않을 수 있는 그 자체만으로도 아이들에게 주어지는 수치심 절반은 줄일 수 있습니다. 우리 아기는 똥도 예쁩니다.

아이가 어릴 때부터 양자 물리학과 친하게 지내게 해주세요.

양자물리학 - 양자 역학을 기초로 하는 물리학을 통틀어 이르는 말. 소립자의 미시적인 계의 연구에서 고체의 물성 연구에 이르기까지 현대 물리학의 많은 분야를 포함한다.

양자 역학 - 우주는 문제가 없고, 이걸 이상하게 느끼는 인간에게 문제가 있다.

〈아이 역학 - 아이는 문제가 없고, 이걸 이상하게 느끼는 부모에게 문제가 있다〉 - 마음 리모델링 전문가 최지혜 -

선생님, 헐~ 완전 개부처네요.

중2가 무서워 우리나라를 건들지 못한다는 이야기 들어보셨습니까? 그 무섭다는 중2 남학생들이 나에게 붙여준 별명입니다.

상담이 필요한 아이들과 수업을 시작하면, 아름다운 광경들이 일어납니다. 테이블에 올라가는 아이, 계속 혼잣말을 하는 아이, 친구들과 몸 장난을 하는 아이 그 모습들을 지켜보면서 작업 준비를 합니다. 나의 말과 행동을 동원하면서 말입니다.

그날 어떤 이야기가 오고 갔는지 나의 기억엔 남아 있지 않습니다만, 한 친구가 "선생님 부처다."라고 말문을 트니 탁구공처럼 부처라는 말을 서로 주고받으며 이 한 문장을 선물로 주었습니다.

"선생님, 헐~ 완전 개부처다. 선생님 개부처네요."

"와~, 선생님에게 선생님이 좋아하는 부처를 붙여주어서 감사해요. 거기에 '개(많은, 크다 은어)'까지 붙여주어서 더욱 기뻐요. 친구들! 다른 사람의 부처를 볼 수 있는 사람은 어떤 사람인 줄 알아요?

부처라고 말하는 사람 안에 부처가 있어야 부처를 볼 수 있어요. 선생님에게 개부처라고 말해 준 친구들이 선생님보다 먼저 부처입니다."

우리 아이들은 이미 깨닫고 태어났습니다. 깨달은 그분들의 눈빛을 따라가면 어떤 미래가 기다리고 있을까요?

지금 그분들의 '지금'을 따라가세요. 우리 어린아이들은 하나도 그른 것이 없습니다. 그것이 잘못되었다고 말하는 입이 있을 뿐입니다. 그것은 아니라고 지적하는 손이 있을 뿐입니다. 그것을 그르다 보는 부모의 눈이 있을 뿐입니다.

이 세 가지 중 여러분은 어떤 것을 먼저 바꾸고 싶은지 잘 알고 계십니다. 다만, 보고 싶어 하지 않을 뿐이지요. 다만, 하고 싶지 않을 뿐이지요. 그 이유도 너무 간단합니다. 익숙하지 않기 때문에 하고 싶지 않은 것입니다.

익숙할 때까지만 정성을 들이면 기간도 그리 길지 않습니다. 머리에서는 '또 지랄이구나.'를 생각하면서, 입으로는 "그래, 속상했겠다. 엄마라도 그럴 것 같네."가 저절로 나오게 됩니다.

부모가 제때 공급해야 할 마음의 근육과 마음의 영양소를 마이너스로 제공하면, 사춘기라고 불리는 그때 아이들에게 이자까지 부쳐 제공해야 합니다. 이자의 맛이 얼마나 쓴지 혹시 알고 계십니까?

어릴 때 부모로부터 받은 대로 내 아이를 키워서 사춘기 때 이자 부쳐 갚는 것과, 어릴 때 알아차리며 키워서 복리 이자로 되돌려 받는 것 중 남는 장사가 어떤 것이겠습니까?

남는 장사 하다 보면 배려, 공감, 이해, 사랑, 소중함, 존재의 빛들은 자동으로 달라붙습니다. 그것도 반드시 말입니다.

여기까지 읽으신 모든 분께 축하드립니다.

사람이든 사물이든 상황이든, 나와 인연 된 것은 단 하나도 잘못된 것이 없습니다. 지나온 나를 관찰하면 오늘의 내가 보입니다. 오늘의 나를 관찰하면 내일을 다르게 할 수 있습니다. 관찰하지 않으면 모두 잘못되었다고 생각할 수 있습니다. 하지만 어떤 것이든 피상적으로 보지 않고 그 내면과 이면의 것을 함께 보게 되면 '잘못됨'이란 없는 것을 알 수 있습니다.

아이가 어릴 때는 내가 힘들어서 아이를 안고 빨리 재우고 싶었습니다. 그래서 그 무거운 아이를 어깨 빠지게 안고 재우려고 애썼습니다. 그때 누군가가 '저절로 잠드는 동화'를 알려주었다면 지금 나는 어떤 모습이었을까요? 여러분은 그런 좋은 기회를 가지신 것입니다.

처음 어머님들!
무거운 아이를 안고 망망대해에서 다이빙하며 찾아낸 보석이 저잠동 시리즈입니다. 최지혜꽃이 알려드리는 마음 안의 장롱이라는 경도와 아이 역학이라는 위도를 참고해 저잠동 배를 타고 찾으시면, 여러분이 이미 가진 보석들을 어마어마하게 재발견하실 것입니다. 그것도 반드시.

이 책을 모두 읽으신 부모님들!

있잖아요, 마음 리모델링을 하기 위해 본인의 문제점을 가지고 오신 분들의 공통점이 있었습니다. 이미 해결책과 방법을 만들어 오셨다는 점이었습니다.

다만, 내가 무엇을 만들었는지 무엇을 가지고 왔는지 보기만 하면 되는 것이었습니다. 전문가가 해드리는 일은 그것을 볼 기회를 제공하는 것이지요. 전문가가 하는 일은 10% 정도로 많지 않습니다. 하지만 그 10%가 많은 것을 변화 시킵니다.

'부모'라는 극한 직업을 선택하신 어머님, 아버님들, 축하드립니다. 우리 아이들은 이미 어마어마한 보석입니다. 그것도 세상에서 유일한 보석이면서 유일한 꽃입니다.

끝까지 읽어주신 분들은 이미 마음 안에 보석을 선물 받으셨습니다. 이제 일상에서 그 보석이 무엇인지 계속 발견해 내실 것입니다.

* 우체통 주소는 카카오 플러스 친구 '저잠동, IDS 마스터 지혜'이고 네이버 카페 '아이잠 연구소'입니다.

아이가 저절로
잠드는 동화

초판 1쇄 인쇄 | 2018년 10월 18일
초판 1쇄 발행 | 2018년 10월 25일

지은이 | 최지혜
총괄편집 | 장영광
편집 디자인 | 장영광
발행처 | 청춘미디어
출판등록 | 제2014년 7월 24일, 제2014-02호
전화 | 02) 2060-2938
팩스 | 02) 6918-4190
메일 | stevenjangs@gmail.com

ISBN 979-11-87654-59-9 (13180)

책값 16,000원(만 육천원)